《技与艺：民俗文化》编委会

《技与艺：民俗文化》编辑部

赣台文化交流丛书

技与艺

民俗文化

邓保生◎主编

九州出版社
JIUZHOUPRESS 全国百佳图书出版单位

图书在版编目（CIP）数据

技与艺：民俗文化 / 邓保生主编. -- 北京 ： 九州
出版社，2024.4
ISBN 978-7-5225-2830-4

Ⅰ．①技… Ⅱ．①邓… Ⅲ．①俗文化－研究－中国
Ⅳ．①G122

中国国家版本馆CIP数据核字(2024)第079039号

技与艺：民俗文化

作　　者	邓保生　主编
责任编辑	关璐瑶
出版发行	九州出版社
地　　址	北京市西城区阜外大街甲 35 号（100037）
发行电话	(010)68992190/3/5/6
网　　址	www.jiuzhoupress.com
印　　刷	鑫艺佳利（天津）印刷有限公司
开　　本	787 毫米 ×1092 毫米　16 开
印　　张	16
字　　数	226 千字
版　　次	2024 年 6 月第 1 版
印　　次	2024 年 6 月第 1 次印刷
书　　号	ISBN 978-7-5225-2830-4
定　　价	69.00 元

前言

　　中国是一个历史悠久的民俗文化大国，在民俗文化形成和发展过程中，造就了中华民族的精神传统和人文性格。台湾与祖国大陆根脉相连，两岸文化一脉相承，台湾民俗文化是中国民俗文化的一部分。共同弘扬民俗文化传统，对增强包括台湾同胞在内的中华民族的凝聚力，有着十分重要的意义。

　　民俗是人民群众在社会生活中世代传承、相沿习成的生活模式，江西和台湾都有着深厚的民俗文化遗产，这也是联系两地同胞情感的精神纽带。从生产劳动到日常生活，从礼仪信仰到风尚娱乐，两地既有基于共同基础相近相似的文化，也有由于各自地域特征独具特色的民俗。

　　举例来说，江西是文化大省，也是文房用具制作大省，南昌进贤文港的毛笔、婺源的徽墨、铅山的连四纸以及歙砚、金星砚等都在文房四宝发展史上有浓墨重彩的一笔；而台湾的鹿港毛笔、菠萝纸、大有制墨、螺溪石砚等也可谓是异彩纷呈。江西作为中国产陶最早的省份之一，烧制陶瓷的古窑至今薪火相传，景德镇窑、吉州窑、洪州窑、白舍窑、七里镇窑五大名窑可称为江西的一张名片；而台湾的莺歌陶瓷、竹南蛇窑、水里柴窑、嘉义交趾陶等也呈现出陶瓷艺术多元之美。江西的米粉、瓦罐汤、客家菜等地域特色美食抚慰了众多江西老表的乡愁；蚵仔煎、卤肉饭、担仔面等则代表和传承着台湾的平民生活文化。江西南丰、婺源、萍乡、乐安等地的傩舞流传至今，被誉为中国古代舞蹈艺术的活化石，弋阳腔、青阳腔、赣南采茶戏等地方戏曲脍炙人口；台湾的客家八音、少数民族人声吟唱、歌仔戏、布袋戏等则展现了独特艺术魅力。同为民间信仰活动，江西祭祀许真君的西山万寿宫庙会、台湾纪念妈祖诞辰的"三月疯妈祖"都极具影响力。在传统节庆民俗方面，江西的石城灯彩、上阪关公灯、吉安中秋烧塔、渼陂彩擎、赣南客家唱船等，台湾的台东炸寒单爷、台南盐水蜂炮、基隆放水灯、宜兰抢孤、虎尾中元祭、客家义民祭等，都极富地域文化特色。所期者，是读者能通过本书认识民俗之美，从传统中汲取智慧，推动赣台民俗文化传播交流，进一步增强两岸民众的历史认同感、民族认同感和文化认同感，加深两岸民众同根、同源、同文、同脉的亲情，促进两岸同胞心灵契合。

目 录

一、文房四宝

二、手工制瓷

三、舌尖美食

四、中医中药

五、建筑装饰

六、百工之艺

七、音乐舞蹈

八、戏曲曲艺

九、民族服饰

十、岁时节令

后　记

文房四宝

民俗文化

江西

文港毛笔

江西省进贤县文港镇地处赣抚平原，是闻名遐迩的毛笔之乡，被誉为"华夏笔都"，其以悠久的制笔传统和精良的制作工艺，把毛笔这一传统产业传承至今并发扬光大，为古老小镇写满了笔的历史。

文港民间流传着一段有趣的故事：北宋著名词人晏殊幼年时曾在文港乡沙河村晏家私塾念过书，习字时用的便是文港毛笔。景德年间（1004—1007），晏殊赴京殿试，以一笔潇洒飘逸的草书、一篇清新婉丽的辞赋高中进士，有人探问晏殊何以得此殊荣？晏殊笑指手中笔盒，说："此乃文港之笔助我也。"于是乎，文港毛笔声名远播。

文港周坊村《周氏族谱》中有关"承泽丰镐"的记载，将家族的制笔技艺溯源至秦都咸阳；前塘村《邹氏族谱》记载其制笔技艺是西晋时由山东省邹县传授而来，至今有超过1700年的历史。从历史源流来看，文港毛笔制作至少从西晋时已经开始了家族传承。

唐代，文港开始形成笔市。黄庭坚在《山谷题跋·书吴无至笔》中，明确说到宋代文港晏几道的邻居吴无至毛笔制作的特点。北宋临川人谢薖在《戏咏鼠须笔》中写道："编须捋取猯毛磔，裁管缚成鸡距长。谁言鼠辈不足齿，也复论功翰墨场。"民国《潮州志·丛谈志·事部·宋朝笔店》记载："潮州府巷刘扬元（临川人）笔店，自宋开设至今。"清代，文港毛笔达到鼎盛，上海"周虎臣"毛笔、武汉"邹紫光阁"毛笔分别出自文港镇的周坊村与前塘村。周虎臣有"清代制笔第一闻人"的美誉。康熙年间，周虎臣至苏州首设笔肆，后迁上海。乾隆皇帝六十大寿，周虎臣笔庄进贡60支寿笔，深得乾隆赞赏，特赐"周虎臣笔庄"牌匾。清末书画大师李瑞清赞书："海上制

文港毛笔（蔡涛 摄）

笔者，无逾周虎臣，圆劲而不失古法。"

　　文港毛笔工艺纯熟，配料均匀，制作精湛。其采用优质山羊毛、山兔毛、黄狼尾毛、香狸子毛等主要原料，经过压材、配料、取毛、梳麻、湿理、齐梢、压平、剔锋、修头、去乱、整尖、截管、车筒、斗套、雕字、挂签、包装等一百多道工序精制而成。毛笔之四德"尖、齐、圆、健"兼备，即笔头尖、笔锋齐、笔身圆、毛体健，软、硬、柔集于一体，刚中有柔，能硬能软，吸水性强，书写流利，锋如一根线，下笔铁画银钩，收得拢，撇得开，得心应手，挥洒自如。毛笔大如扫帚小如针，品种繁多，笔类齐全，分狼毫、羊毫、紫毫、石獾、斗笔、眉笔、条屏、排刷等八大类共 1000 余个品种。现在的文港毛笔，在继承传统工艺的基础上，大胆进行了工艺创新和质量提升，毛笔笔头色彩斑斓，红、白、黄、绿、青、蓝、紫，七色俱全；笔杆形态各异，外形美观，竹木的传统雅正，牛骨的典雅大方，有机玻璃的光亮透明，陶瓷的洁白如玉，景泰蓝的古朴新颖，象牙的端庄贵重，各具特色。

　　如今，文港毛笔产业依旧熠熠生辉，销量扶摇直上，占据了国内市场

70% 以上的份额，并远销海外市场。文港人在发展毛笔工艺的同时，还大力发展现代文化产业，钢笔、圆珠笔、铅笔等产业得到快速发展，成为笔乡经济的重要支柱，全镇 70% 以上劳动力从事文化用品产业，创造了多个笔业知名品牌。

（撰稿：周美庄）

婺源徽墨

徽墨是徽州地区最重要的特产，据《寄园寄所寄·云谷卧余》记载："徽处万山中，绝无农桑利，舛茗之外惟墨。"清代人《石墨岭竹枝词》："新安（新安即今皖南歙县、休宁、绩溪、黟县、祁门、屯溪以及江西婺源的古称，因祁门的新安山而得名）墨妙制尤殊，香入毫端细细濡；底事天上灵秀毓，更将妙墨产名区。"可见徽墨的出名。

徽墨产地包括歙县、休宁、绩溪、婺源（古属徽州，今属江西省上饶市）四县，而以休宁、歙县和婺源形成最重要的三大流派。歙派以隽雅大方、雍容华贵见长，多服务于宫廷权贵；休宁派推崇集锦系列，其墨样式繁杂、华丽精致，多受富豪喜爱；而婺源派多为"市斋名世"墨，以满足社会底层市井、未及第书生生活学习之需。

徽墨素有拈来轻、磨来清、嗅来馨、坚如玉、研无声、一点如漆、万载存真的美誉，是书画家的必备用品。

婺源原与绩溪、歙、休宁、黟、祁门同属徽州"一府六邑"，1949 年并入江西。婺源制墨，肇于南唐。据宋代罗愿《新安志》记载："……新安墨以黄山名，数十年来造者乃在婺源黄冈山，戴彦衡、吴滋为最……"明清以降，婺源制墨之势日盛，可与歙县、休宁相提并论。清代婺源詹姓墨店有上百家之多，多数为休宁和歙县墨店服务，提供原始烟料，乾隆刊本的《歙县志·食货志》记载："墨虽独工于歙，而点烟于婺源，捣制于绩溪人之手。"婺源墨成为婺源制造业的一大特色："婺邑制造以茶、墨二者为特色。墨销售遍国中，制造最精，亦最宏"，"销售于二十三行省，所至皆开行起栈，设店铺无数，乡人食其利益矣"。至迟到清初，婺源墨已经誉满海内外，直至清末民初，婺源墨商和墨业一直十分兴盛。

婺源徽墨的制作采用上好松枝、桐油烧制后的烟为基本原料，并根据需要配以冰片、麝香等数十种中药香料制作，生产流程主要有点烟、和料、杵捣、成型、晾墨、挫边、填金、包装等工序。各种原料的配比均为制墨艺人的不传之秘，婺墨以"入纸不晕、墨黑光亮、防腐防蛀、耐久不变"的特色，不仅成为书画家的文房四宝，还广泛用于工艺制图、装潢美术、印刷、医药和描瓷等领域，甚至一些制墨名家的墨品，为历代藏墨家所收藏。

婺源墨是集绘画、书法、雕刻、造型等艺术于一体的综合性艺术珍品，它之所以成为独树一帜的手工艺品，不仅因为其用料考究，且生产技术复杂，难以掌握，民间有诗赞曰："烟房点灯实难熬，赤身喘气入阴曹，熬尽灯油沥尽胆，留取乌金千秋照。"

在二十世纪七八十年代，婺源墨厂年产墨锭 3000 公斤，全部销往香港地区、日本、东南亚等地，并荣获江西省优秀产品奖。在北京故宫博物院，珍藏着 400 余锭婺源历代制墨名家的古墨。这是婺源徽墨"落纸如漆、万古存真"品质的见证。

（撰稿：周美庄）

铅山连四纸

紫溪斗笠，石塘伞，铅山女子不用拣，陈坊连史天下扬。在江西省铅(yán)山县，流传着这样一则民谣。民谣中所说的"连史"，指的就是连史纸（又称"连四纸"）。

铅山以盛产连四纸而闻名，其造纸业在宋元时期即蜚声内外。明代高濂《遵生八笺》把"铅山纸"列为元代精品，赞之"妍妙辉光，皆世称也"。明代宋应星《天工开物》有数处记载铅山造纸，对连四做了说明，并给予很高评价。翦伯赞在《中国史纲要》中也谈道："明朝中叶……有些城市的商业也日趋繁荣了。当时工商业发展比较显著的城市，除去南北两京外，大致分布在江南、东南沿海和运河沿岸等三个地区，其中以江南地区最为繁华。在这里，已经形成为五大手工业区域，即松江的棉纺织业、苏杭二州的丝织业、芜湖的浆染业、铅山的造纸业和景德镇的制瓷业，它们之间已保持了极紧密的商业联系。"清代中期，铅山纸业人口已经占到当地总人口的十之三四。在1937年的粤湘鄂赣特产联展会上，连四纸得以隆重推介："江西为旧式手工业造纸最繁盛区域，其纸质之优，亦甲于全国。全省83县产纸者占半数以上，而以铅山、万载为最。……其中以铅山连史、关山与泰和之毛边为最著。除销全国外，兼有较多行销日本、南洋等地。"后来的商务印书馆版《辞源》对"连史纸"的解释为："纸的一种。原称连四纸，又名绵纸。原料用竹。色白，质颇细，经久色质不变。旧时，凡贵重书籍、碑帖、契文、书画、扇面等多用之。产江西、福建，尤以江西铅山县所产为佳。上等品名椿纱纸，其次为连四纸，或称连四，今讹称连史纸。"鼎盛时期，铅山境内产连四纸的纸槽有1400余张。

铅山连四纸品种不少，常见的是普通连四。其他还有龙排连，纸幅与普通连四相同，但厚两倍，宜书宜画，可作信笺；改良连，纸幅、纸质与普通连四相同，添加了明矾、松香、陶土、小粉等，质地厚而细，纸面光洁，不渗墨、晕墨，可书画、印刷、钢笔书写；海月连，纸质不透水，适宜刻画、印刷、钢笔书写；大匹纸，又名画纸、冲宣，白度与普通连四相同，但较厚，民间用来印刷谱牒，又称谱纸。

铅山连四纸的制造纯系手工操作，工序繁难，民谚有"片纸不易得，措手七十二"之说。首先是竹丝纸料制作工序，包括砍竹条，坐山阴干，赶山断条，叠塘冲浸，清水漂塘，剥竹壳，洗晒竹丝，踩竹丝缸，浆竹丝，霉塘，槌竹丝，摆洗、挂晒竹丝，浆灰清，蒸煮灰清，出锅摆灰清，摆清塘，洗净晒料，过初煎，作漂塘，出锅扯水，晒初煎料，棍抽初煎料，做料饼。

其次是纸料漂白工序，包括漂黄饼，拣复煎料，过复煎，出锅扯水，漂复煎饼，拣白饼，过白煎锅，出白料，拣水料，打料。再次为制纸浆抄纸工序，包括洗浆，放大槽，兑纸药，抄纸，榨纸，整纸，进库。纸料需要经过数月日晒雨淋而自然漂白。连四纸整个生产周期约为一年，制造过程中的技术关键：一是水质，凡冲、浸、漂、洗所接触的水均不能被污染，洗浆及以后工序要求尤其苛刻，须采用当地泉水；二是配药，须采用当地特产水卵虫树制成，其他稍次。

铅山连四纸质地洁白莹辉，细嫩绵密，平整柔韧，防虫耐热，不变色，被称为"千年寿纸"。

（撰稿：周美庄）

砚

砚作为中国古代文房四宝之一，历来备受文人墨客的追捧，有"武士爱剑，文人爱砚"之说。我国自古就把砚作为研墨工具，"砚者，研也，可研墨使和濡也"。

我国制砚，历史久远。最早的砚材，大概是石。雕刻者充分利用砚石的各种天然形态、色汗纹理、透明石眼，雕成各式砚台，堪称文房之宝。

江西名砚有歙砚、金星砚、修水贡砚、石城砚等。

歙砚

歙砚，中国四大名砚之一，与甘肃洮砚、广东端砚、黄河澄泥砚齐名。古代记载歙砚的制作和使用，最早见于唐朝。唐代歙州所辖歙县、祁门、休宁、婺源等县出产的歙石都可以制砚，其中以婺源县龙尾山的石质最佳，故又称歙砚为龙尾砚。

据记载，唐开元中，有猎人叶氏逐兽至婺源长城里（地名），见垒石如城，莹洁可爱，因携之归，琢制成砚，温润大过端溪，由是天下始传。

婺源歙砚作品《无量寿佛》（田罕俊 摄）

歙砚属于水成岩的粘板岩，含有碳质、黏土、云母、石英、硫化银、硫化铜、铁等。歙石一般色泽黝黑，略显青碧，石质坚润。用歙石制成的砚，研磨出的墨汁细腻，有光泽并且不易干涸。

歙砚名品有龙尾、罗纹、金星、眉子等，最常见的是金星、金晕，为硫化铁的点滴物，大的似豆，小的如鱼子，金星、金晕是区别歙砚与其他石砚的重要标志。高明的砚工善于利用金星、金晕巧作装饰，以提高砚的价值。

歙砚受到很多文人骚客的喜爱，黄庭坚的《砚山行》、苏轼的《万石君罗文传》和《龙尾砚歌》等作品中都有所体现。南宋理宗时，徽州知府将龙尾旧坑砚作为"新安四宝"之一，每年定期向朝廷进贡。

金星砚

金星砚产于鄱阳湖畔的星子古城横塘驼岭，历史上也叫金星宋砚，因有凤眼、金圈、金晕、金花浪纹、鱼子纹、眉子纹等形态万千的黄色金点而得名。

相传金星砚的制作起源于东晋义熙年间（405—418），距今有一千六百余年。传说东晋大诗人陶渊明弃官归隐于星子县温泉栗里陶村，一日，他走到横塘驼岭，发现一方金星石，此石滑润细韧，坚而不脆，刚柔兼备。陶渊明爱不释手，遂自刻成砚。金星砚诞生后，伴随着陶渊明的诗篇，吸引了历代文人墨客和达官显贵"相继而至，寻石问砚"。唐代大诗人李白和白居易、南宋理学创始人朱熹等都来到星子并饱蘸金星之墨挥毫写下诗篇。宋徽宗称金星砚为"砚中之魁"，并赐名"金星宋砚"。从此，金星砚更加扬名天下。

金星砚石质坚韧，光滑如玉，刚中含柔，柔中寓刚，重实温润，不轻不燥，金星璀璨，呵气成云，具有下墨快而细腻、蓄墨时间长而不涸、墨色鲜艳香久不散等三大特点。

金星砚石品丰富，有金星、金晕、金环、银环、冰纹、火捺、蕉叶白、牛毛纹、眉子金星、水波金星、鱼子金星及珍贵的金龟眼、龙眼、凤眼等，日光下，金星荧荧，银辉灿灿，扣之响若清钟。制作上，形状有方、圆、腰、桃、鸡心、花瓣等。砚上刻松、竹、梅、庐山风景等图案。

修水贡砚

1976年，考古人员在修水渣津坪上的东汉古墓中发掘出砚台，由此推

修水贡砚（曾博文 摄）

断，修水制砚历史可追溯至东汉。

贡砚又名赭砚，产于江西修水。据宋代《云林石谱》记载："洪州分宁县地名修口，深土中产石。五色斑斓，全若玳瑁，石理细润，或成物像；扣之，稍有声。工人就穴中镌砻为器，颇精致。见风即劲，亦堪作研，虽粗而发墨云。"唐代，贡砚作坊出现。北宋黄庭坚尤喜家乡贡砚，将之广赠于友，使之名传天下。至清代，道光皇帝老师万承风献家乡赭砚于帝，帝喜将其列为贡品，故始称其为"贡砚"。

贡砚砚材以赭色为主，翠绿为镶嵌，兼分五色（青、黄、赤、白、黑）并且赭色厚度要高于贺兰砚、紫袍玉带石、苴却砚。贡砚砚材共有满天红、金晕、鸡血藤、绿豆青、鱼子纹、水波纹、水草纹、牛毛纹、木纹、天然山水等十几种名贵石品。砚材石质坚而不顽，触笔细而不滑，发墨速而不粗，储水久而不涸。

贡砚雕刻综合了立体雕和深镂空雕之所长，更充分地表现出其图案相互叠错、起伏变化的复杂层次关系，给人以强烈的视觉冲击。历代民间艺人给予这些赭砚石材以灵气和生命，他们刻以山水、人物、鸟兽、树木，无不因势象形，各具神态，浑然天成、巧夺天工。

石城砚

石城砚，产于江西石城县龙岗乡黄石山，又名为"黄石""龙岗砚"。

石城砚制作始于北宋，迄今已有一千多年历史。北宋时期，因本邑进士陈恕将一方"九子濯龙"石城砚贡于御用，圣上龙颜大悦，欣然御笔题写"龙砚"二字。此后，石城砚身价百倍，文人墨客都以拥有一方"龙砚"为不凡身价，可谓是文房至宝。清曾兴仁《砚考》誉之为"花蕊石砚"。清道光四年版《石城县志》记载："龙岗砚，出邑龙岗村深涧中，温润缜栗，土人探取水底潜藏者琢成。"

石城砚以色彩天然、图案丰富、制作精良、发墨快且细腻好用著称于世，曾是进贡砚品，苏东坡、唐邦佐、孙轶青等古今雅人名士钟爱使用。

石城砚石质温润如玉，叩之有木声或金属声；色彩五彩缤纷，有褐、黄、绿、蓝、橘红等色；纹理应有尽有，有云纹、木纹、水纹、竹纹、山纹等，还多有石眼、黄冻斑、金丝、银线、玉带等，尽显天工之巧。

（撰稿：周美庄）

金溪木刻雕版印刷

金溪县浒湾镇有一条 200 多米长的书铺街，应着"临川才子金溪书"俗谚，共同折射出当年浒湾的出书之盛。

金溪县浒湾镇属江西四大古镇之一，是中国历史文化名镇。"临川才子"盛名天下，同时带动了金溪刻书业的发展，并形成了以浒湾为中心的雕版印书业，"金溪书"由此得名，而浒湾镇也因此有了"江南之书乡"的美誉。近代学者郑振铎先生曾将金溪浒湾与福建四堡、北京琉璃厂、武汉汉口并列为清代全国四大刻书中心地，可见金溪浒湾雕版印刷在历史上的影响力。

浒湾镇位于金溪县西部，南临抚河，水路交通便利。得益于得天独厚的区位优势，加之"临川才子"之名的加持、官私办学兴盛，金溪县文化氛围浓厚，文人辈起，人才辈出，"金溪书"逐步名满天下。清代，金溪县浒湾镇及其周边村落成为江西最大的木刻印书的出产地，其所刻书籍"金溪书"亦称"江西版"。

据史料记载，金溪雕版印刷始于元代，至明中后期开始有商业性书坊出现，入清后，金溪县浒湾镇的雕版印书业逐渐兴旺，到清乾嘉年间，60 多家印书作坊、铺栈集中于浒湾镇的两条相邻街巷中，时人称为前书铺街与后书铺街。当时从业人员达数千人，仅刻字和印书匠就超过 1000 人。据《江西省地理志》载："金溪浒湾男女皆能刻字，所有江西全省读本、经书小说皆由此出，名曰江西版。"清光绪时期，因石印、铅印等印刷技术的推广，"金溪书"市场日渐萎缩，程序繁杂的浒湾雕版印刷技艺亦开始走向衰落。至清末民国时期，因机械化印刷兴起，浒湾刻书业日渐凋敝，大部分书坊惨淡经营。

"金溪书"所刻书的内容囊括经史子集，范围涉及文史哲、医药、地理、年画碑帖、家谱等诸多方面，其中，尤以"四书""五经"等科考书，以及《三字经》《千字文》等启蒙读物最多。

金溪出产的书籍为木刻版，木材大多数采用梨树，兼用樟树和荷树。印刷纸张普通的用毛八纸（金溪黄通与峡山生产），特等的用连四纸（福建出产），低级的用京丹纸（资溪出产）。墨汁用乡村砍烧松树所熏成的烟渣。每版一块刻两面，如加朱批与圈点另刻套版。刻字工具分枝凿、平凿数种，刻字技术分出门与归身两种，刀刻方法分为横刀与侧刀。

金溪刻书业鼎盛时期，书坊曾开至北京、南京、衡阳、成都等地。"厂甸书业，乾嘉以来，多系江西人经营。"据1982年孙殿起《琉璃厂书肆三记》记载，当时江西籍书商在北京开设的书肆有：文关楼、富文堂、荣华堂、三槐堂、幕光阁、龙威阁、文华堂、玉生堂、铭德堂、文宝堂、善成堂、二

金溪雕版印刷（曾博文 摄）

酉斋、博文斋、槐荫山房、文盛堂、宝森堂等,而这些江西籍书商以金溪人为主。

浒湾现存的木刻版已凤毛麟角,具有代表性的是 2003 年和 2004 年先后发现的 33 块明清时期的《易经》《诗经》《聊斋志异》《康熙字典》等典籍的木刻印刷雕版。

（撰稿：周美庄）

台湾

鹿港毛笔

书法艺术是中华文化审美的体现，握笔行书是过去的日常生活，现在却被视为深奥的艺术。一支沾墨的管毫，在书法家手下挥洒，幻化出万象的文字之美，而说到鹿港书法学习风气自清末迄今一向蓬勃发展，自有其内因外缘，尤其是鹿港独具的人文性情一脉相传不坠，可说是促成鹿港老街一带翰墨风华的主力。

在鹿港老街，目前传统匠师是如何做出一支好的毛笔呢？首先是用薄刀片挑起适量的狼毛，切齐一边再包住笔心，再单手将笔头底部甩平，关键的重点就是要用特殊工具将笔尖的毛挑掉，当地传统手工毛笔匠师表示，这是个关系到毛笔写了之后会不会分岔的关键工序。毛笔沾水压平就能看到笔的好坏，好不好写、收尾会不会尖的关键，在于笔锋，因为锋越长使用寿命就越久。也就是说做笔要点在于"尖、齐、圆、健"。所谓"尖"，即笔头尖尖，不可含有杂毛；"齐"是指笔尖毛（毫）要整齐；"圆"是指笔尖沾水后呈圆形；"健"是指要有弹性，笔头下去铺得开、收得拢。

在台湾地区鹿港小镇有间店叫"新文益笔墨庄"，其制作工艺传自福建安溪蓝田，老板张金涂与安溪"文益笔庄"张才枝（非物质文化遗产项目蓝田毛笔制作技艺传承人）是堂兄弟，两人的招牌均继承祖上的"文益"名号。1948 年，张金涂的父亲漂洋过海前往台湾谋生，以制笔为业。1989 年，他回大陆认亲，和张才枝讨论祖传制笔技艺的传承与发展。父亲过世后，张金涂也与堂弟多次往来，交流制笔技艺。

老街的另一家"全龙笔庄"成立于 1996 年，笔庄的所有毛笔全部由老师傅蔡国文先生与长子、次子及夫人全家分工合作生产，绝不假手他人。近

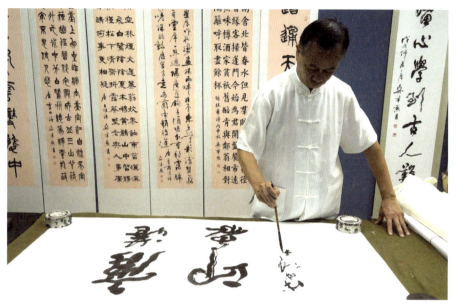

用鹿港毛笔创作（陈子发 摄）

年来，在地方文史工作者的努力下，鹿港老街内的毛笔匠师也在创新的过程中走出了不同的发展新路线。

（撰稿：吴承谕）

菠萝纸

菠萝在台湾地区又称凤梨，除了吃外，你可能不知道它还可以用来造纸呢！当初，台湾中兴大学名誉教授张丰吉以凤梨叶制作宣纸，研究三年，制作出凤梨宣，让注重用纸的国画大师张大千当时愿以每张1美元购买，不过张丰吉只象征性收了新台币4元，张大千订了很多，他的友人也使用，并评价它更胜清朝乾隆皇帝专用纸。

凤梨宣是从台产凤梨叶片中萃取出纤维，再以百分之百的凤梨纤维，或杂以竹浆、稻草浆等，以传统工法抄制而成。此纸性质接近宣纸，但较宣纸洁白坚韧，又拥有不易发黄、墨韵层次丰富的特色，因此深受张大千喜爱，将此纸命名为"菠萝纸"，赞其"滑能驻毫、凝能发墨，直与元明以来争胜"。后来张教授把凤梨宣的技术转给纸厂，南投县埔里镇的长春棉纸厂与其共同研究，以废弃凤梨叶开发高级宣纸"菠萝宣"。

凤梨纤维比现有的麻、雁皮等细，且不同的配方、厚度都可能影响纸张质量，抄纸时需要花更多心力，才能制成高质量宣纸。业者表示，"菠萝宣"的纸质洁白，不易变色，纸张寿命长，经过日照40小时比较，凤梨纸的白度不变，雁皮纸则从74%降到50%。凤梨纸更适合作为书画、裱褙用纸。但凤梨纸由于纤维致密、吸水慢，因此色彩饱和度减弱，且纸张会翘，不适合卷收，所以对相关技术还需要进一步研究，以便更好地适应市场的需要。

（撰稿：吴承谕）

手工制墨

"大有制墨"第一代师傅陈嘉德在年仅15岁时，便从嘉义北上进入"国粹墨庄"学习制作墨条的技术以及生产线的流程，28岁在三重创立"大有制墨"，他是全台湾地区唯一手工松烟香墨制墨匠师。

"大有制墨厂"位于新北市三重区，五弯八拐的小弄里，没有招牌，虽然门面并不宽敞，但你很容易可以寻着墨香而来。其以招牌松烟墨闻名，制作过程中会在原料牛皮胶中加入松烟，也就是借由松树燃烧后的粉尘作为墨色的来源。树木燃烧后的天然松烟，让墨条调出来的墨色不同于一般学生墨，能够调节深浅、增加层次，非常适合运用在国画、书法上。

从前台湾地区中、小学都教授书法课程，墨条便是学生书包里的必备文具。本来河边还聚集了四间制墨厂，后来逐渐没落，老师傅也无力继续举起墨槌敲打，制墨技艺逐渐失传，手工制墨厂一间间倒闭，只剩下巷弄里这间四十多坪（注：坪为台湾常用建筑面积单位，1坪≈3.3平方米）的小工厂。

制墨的工艺流程是，先将原料搅拌，蒸煮变软，由机器多次碾压成墨团，再经过捶打，将空气挤压出来，质地光滑细致后，才能开始手工揉墨。

揉墨的工作台下要一直摆放一个炭火炉，以免墨团冷却僵硬。制墨师傅操作熟练，每个动作看起来相当利落且精准，功夫了得。

陈嘉德发现自己根本无法与廉价墨条削价竞争，于是开始尝试提升墨条质量，以即将失传的工法独创松烟墨迎战。他的儿子陈俊天为传承这独门技术，开始学习从制墨到销售的全过程，最后接手父亲的生意，成为"大有制墨"第二代匠师。近年来，他也以自己的经历，积极鼓励年轻人学习制墨，让全台唯一一间手工制墨厂的技术得以保存与传承。除此之外，台湾科技大学设计系也找上"大有制墨"合作，希望透过文创设计，在传统墨条中实验出多元化商品。

由于松烟墨原料含有松树的成分，因此许多宫庙人士认为以大有墨条写成的书法具有辟邪作用，因此便向"大有制墨"定制以墨制成的八卦纸镇、佛像作为摆设。在陈俊天以及学徒们的努力下，"大有制墨"不断尝试创新文创商品，开发设计出更多的墨条。传了几代师徒，经过百年历史，也让这一百年技艺情感更加丰厚。正如陈嘉德大师所说："我与墨，是一种缘分，一种情感。"大有制墨，光黑如璧漆，久而弥香。

（撰稿：吴承谕）

手工制墨（吴承谕 摄）

螺溪石砚

笔、墨、纸、砚，并称文房四宝。笔、墨、纸都属消耗品，唯独砚不易磨损，流传千年，且造型深具艺术之美，自古以来为文人墨客所钟情，藏砚名家辈出，相关图谱的编印，亦颇见重于士林。

台湾最长的河流浊水溪，在二水旧称"螺溪"。被称为"黑玉"的螺溪石，密度高、质地晶莹细润、发墨快、贮水不干、不伤毛笔，自古就是书画家喜好的砚台材料。根据文献记录，清代台湾诸砚种，只停留在个人捡石雕琢若有若无的阶段。日据时期，只有二水螺溪砚一枝独秀，宜兰旱溪砚、台北福德坑砚都已销声匿迹，退出文房舞台。不过，日据时期螺溪砚制作者仍以爱砚族业余从事为主。二十世纪五六十年代，因两岸隔绝，大陆砚取得不易，致使螺溪砚供不应求，再度盛极一时，之后由于书画风气转变，螺溪砚又转趋凋零。

考诸文献记载，并证以流传实物，无论日本或台湾地区，都有匠师从事螺溪砚制作，并举办过展览会。1980年，二水贤达谢东闵在韩国砚雕家李昌浩来访期间，特别引介螺溪砚石，李氏对此赞不绝口，因而带了几块质感如玉的砚石回韩国雕制砚台。2005年，高雄藏家陈君来往两岸砚石产地，接触过不少工艺名师，如蔡金星、王建国、方远、鲍金照等，于是在二水挑选砚材，千里迢迢，送请雕刻，并与台湾砚友分享，两岸合作，为螺溪砚发展另辟蹊径，因此流传不少风格突出的好砚。

近来，因生活水平提高，实用为主的螺溪砚渐次转型为艺术性较高兼具观赏价值的艺术界收藏品，吸引了更多制砚家的投入，不论业余的单打独斗，或开设工厂的量化生产，螺溪砚得到蓬勃发展。二水砚雕家谢苗荣获"民族艺术薪传奖"，使螺溪砚的艺术价值受到肯定。

讲到螺溪石砚的发展，不得不提的是董坐先生。董坐是已故砚雕家董壬申之子，家传以螺溪石制砚为事业。他将制砚风格由实用转型为艺术创作的路线，成立石砚艺术馆，展示历年所制螺溪石砚数百方，其中以独一无二的"百龙砚"最让人大开眼界。"石头若未创作就只是石头，经过雕刻就变成石雕、砚台。"在董坐手中，螺溪石变成了有生命的艺术品，浊水溪的历史、风情、生产与生活场景等一一融入，在砚雕中独创出一片属于自己的艺术风景。

（撰稿：吴承谕）

手工制瓷

江西

景德镇窑

景德镇窑位于江西省景德镇市。景德镇原名昌南镇，因北宋景德年间烧制的精美瓷器而称今名。景德镇有着悠久的制瓷历史、完备的陶瓷产业体系、广泛的国际影响，是一座因瓷而生、因瓷而兴、因瓷而名的城市。

景德镇窑据记载始烧于唐武德年间（618—626）。新中国成立后发现瓷窑遗址多处，以杨梅亭窑、石虎湾窑、黄泥头窑最早，均为五代时期。烧造初期的产品有碗、盘、壶等，薄沿、深腹、厚底、高圈足。胎洁白细密，釉色白中稍泛黄，装饰以素面居多，仅少量器外有刻划纹，有的内底有印花或文字。北宋中期除碗、盘外，盒、壶、罐等增多，出现覆烧芒口器，釉为青白色的影青釉，薄处泛白，厚处呈青绿色，光泽透明。碗的形制多斜腹、薄壁、厚沿、厚底、小低圈足，装饰以刻划为主，采用一边深、一边浅的"半刀泥"刻花法，刻线流利。在壶、罐类器肩部有牡丹、菊花、莲花、飞凤、水波等印花纹样。北宋晚期至南宋器形品种多样，多直口弧壁或撇口斜壁的芒口碗，碗口、腹壁胎皆薄，仍以影青釉为主，装饰多为印花，题材更丰富，有花草虫鸟、人物、动物，造型极生动。北宋后期在定窑的影响下，采用覆烧法，提高了产量，也改进了质量，有"南定"之称。其中湖田窑的产品质量最好，釉色似湖水之淡绿，纹饰也精美。从南宋起产品就远销海外，1976年韩国新安海底发现一艘中国元代沉船，打捞出元代瓷器 17000 余件，其中景德镇青白瓷 5000 余件。

景德镇窑是我国传统窑炉中独具风格的窑。它的烧成室型呈一头大一头小的长椭圆形，近窑门处宽而高，靠近烟囱则逐渐狭窄矮小，故有"鸭蛋窑"或"蛋型窑"之称，全长约 15—20 米，容积为 300—400 立方米，以松柴为燃料，火焰长而灰分少，因不含硫或者含量极少，适宜烧还原焰，对于白瓷、青花瓷、颜色釉瓷等传统瓷的釉面呈色效果良好，可装烧高火、中火、低火的瓷坯。因窑内腔较高，便于装烧大件制品，适合多品种生产的条件。因此，景德镇窑（在景德镇也叫柴窑）单位公斤瓷的燃料消耗量小。另外，其结构简单，建筑速度快，基建费用少，产量大，周转期快，可以快速烧成和快速冷却，适应于景德镇附近制瓷原料的特性和瓷器的传统风格。明清以来景德镇制瓷所取得的成就和这种窑的采用是分不开的。

五代烧制青瓷和白瓷，产品以碗、盘类为主，青瓷釉色青中带灰，白瓷釉色较白。采用支烧法，碗、盘器内和底有一周长形支烧痕。宋代时烧青白瓷为主，有名的湖田窑就在景德镇的湖田村，器型有碗、盘、瓶、壶、罐、枕等。装饰上有刻花、划花、印花、篦划纹等技法。纹饰有龙纹、凤纹、婴戏纹、海水纹、缠枝花纹等。到了元代，景德镇窑继续发展，成功烧制出了青花、釉里红、红釉等品种，并逐渐成为全国的制瓷中心。

景德镇窑　烧窑 (景德镇市非遗保护中心 提供)

明清时期，景德镇窑获得了空前发展，由于原材料的丰富和工匠技艺的高超，使所制瓷器在花色品种、器物类型以及造型、装饰等方面，较之前代均有极大地丰富、提高和创新，成为中国古代制瓷工艺的鼎盛期。此一时期著名的品种有：明代永乐年间的甜白釉，宣德年间的青花、红釉、青釉等，在元代的基础上，又向前推进一步，成为当时及后来景德镇窑的主要品种。成化年间的斗彩、正德年间的孔雀绿釉及嘉靖和万历年间的五彩等新品种，也以胎质细腻、釉色晶莹柔润、纹饰图案精美而风靡于世。清代康熙、雍正、乾隆年间的青花、五彩、红釉、天青釉、素三彩、粉彩、珐琅彩、窑变釉、广彩等，更是绚丽多彩，竞相争辉，产品行销全国，远销海外，成为中国瓷器的主要产地，有"瓷都"之称。

清代后期至民国时期，由于社会动荡，景德镇窑的制瓷业出现凋零或停滞状态。新中国成立后，景德镇窑又取得新的发展，在继承传统工艺、恢复传统品种、创造新的品种样式等方面，进行了广泛深入的探索，并取得了令人瞩目的新成就。

（撰稿：陈星）

吉州窑

吉州窑作为江南地区一座举世闻名的综合性瓷窑，曾经见证了吉安乃至江西文化尤其是陶瓷文化的辉煌和荣耀。由于发展较早，吉州窑在江西陶瓷手工业中创造了一系列的经验，长期培养了大批技术人才。《庐陵县志》写道："今景德镇陶工，故多永和人。"当地有句谚语："先有永和，后有景德镇。"可见，吉州窑对江西地区陶瓷手工业发展的贡献是无可否认的。

吉州窑遗址在今江西省吉安县永和镇，与吉安市相依在赣江的西岸，首尾十公里之遥。这里水路交通便利，上溯赣州，下达南昌，具有古代瓷业发展的基本条件。永和镇是个沿江走向的小镇，目前发现的吉州窑永和遗址占据了永和镇西侧约两公里长、一公里宽的范围，全部为古代烧窑的废品及窑具堆积而成,窑岭如山似岗,古窑瓷片俯拾皆是。这里是古东昌县县城所在地,地属吉州管辖,故名"吉州窑"。因地处永和镇,又称"永和窑"。在宋代,永和镇由于吉州窑瓷业的兴旺和繁荣而为"天下三镇"之一。

吉州窑累累相连有24座窑址,窑址总面积为80500平方米,堆积为726800立方米,是全国陶瓷历史文化中少见的规模庞大而集中的遗址。往事千年,一座举世闻名的综合性民窑,在700多年的烧造史中,其发展脉络是非常复杂的,从有限的历史文献记载和对吉州窑考古发掘的资料来看,吉州窑创烧于晚唐,兴于五代、北宋,极盛于南宋,至宋末元初一度衰退,元代继续烧造并有新发展,终烧于明代中后期。

吉州窑在中国陶瓷史上占有十分重要的地位,为推动中国古代瓷业生产、积累制作技艺做出了巨大成就。吉州窑瓷器内容极为丰富,是古代民间艺术的精华,且地域风格尤为显著,以生产民间日用品瓷器为主,而不是以生产官窑式器物为中心。吉州窑瓷器种类繁多,纹样装饰丰富多彩。按胎釉可分为青釉、黑釉、乳白釉、白釉彩绘和绿釉等类。在装饰技法上采用木叶、玳瑁、洒釉、剪纸、贴花、剔花、印花、彩绘、划花、堆塑和绞胎等,变幻无穷,在瓷器的实用性与艺术性上得到统一。

吉州窑黑釉瓷又名"天目瓷",其烧造是从早期单色的黑釉及黑釉装饰,发展到各种窑变色釉和色釉色彩的装饰。它的艺术成就集中体现在各种类别的茶盏器皿上,以木叶纹、剪纸贴花、兔毫斑、鹧鸪斑、玳瑁斑等形色最为突出。其中剪纸贴花和木叶贴花装饰仅见于吉州窑,是风格独具的装饰。木叶纹装饰是吉州窑装饰艺术中的奇葩,工匠们将天然树叶贴于盏壁,这种木叶纹多装饰在黑釉碗(盏)内,有单片的木叶,有半叶挂于盏边的,也有双叶萱落或三叶散点的。烧成后树叶的形状就清晰地留在器物上,树叶纹理清晰,色调明朗,自然天成,质朴中蕴藏着可遇不可求的天然神韵,具有极高的审美价值,显示出吉州窑瓷器装饰技法的极高造诣。而"油滴""兔毫""洒釉"等窑变色斑更是黑釉瓷中的名贵品种,展示出黑釉瓷深沉古奥的艺术魅力。

吉州窑古塔（曾水连 摄）

为保护好这座千年古窑，当地政府 2011 年底启动吉州窑遗址保护工程，涵盖吉州窑博物馆、吉州窑遗址公园、考古研究中心、陶艺展示中心、东昌宋街改造及环境整治等，既恢复宋元吉州陶瓷盛景，又增添一处旅游胜地。

（撰稿：陈星）

洪州窑

洪州窑是我国汉唐时期非常著名的青瓷名窑，是唐代六大青瓷名窑之一。窑址分布在现江西省丰城市一带，此地唐代属洪州，故称洪州窑。

洪州窑是江西地区最早烧造青釉瓷器的窑址。大量的考古资料显示，洪州窑烧瓷历史悠久，始烧于东汉，发展于两晋、南朝，鼎盛于隋唐，终烧于晚唐五代，烧造时间长达 800 余年。洪州窑在东汉晚期已能烧造出精美的青瓷，此时烧造的青釉瓷器多为一些日常生活用器，如青瓷壶和青瓷罐等；三国、两晋烧制鸡首壶、虎子、砚台等；东晋到南朝逐渐进入兴盛时期，东晋时期洪州窑产品中开始出现用褐釉点彩装饰盘口壶口沿的手法，南朝时洪州窑产品其釉色以淡青微闪黄为主，由于此时已使用匣钵，器物釉面光洁，器型中出现博山炉、温酒壶，制作精巧的座、杯分体，合二而一的转杯，更是一绝，带足的炉、托杯、托炉、灯盏、五盅盘、格盘等亦成为这一时期墓葬中可见的冥器，图案装饰除刻花、划花、印花外，亦采用了堆塑、镂孔等技艺；隋唐时期，洪州窑瓷器匠人把青瓷的制作推向了一个更为成熟的艺术之路，此时的青釉瓷器造型简洁大方，更加注重器物的实用性和观赏性，造型种类丰富，常见的有碗、盘、瓶、罐、壶、钵、盂、炉、盏、鸡首壶等，器物的胎质细腻，釉层十分均匀，釉面比较柔和，光泽度颇佳，釉色多为青褐、青中泛黄、青中泛褐、黄褐、褐色等，与陆羽《茶经》中所描述的釉色基本相同，据《唐书·韦坚传》关于洪州窑产品运抵长安的记载，说明洪州瓷在唐代确已达到"贡品瓷"的工艺水平。

洪州窑遗址的发现填补了中国陶瓷史上的空白，它对于研究中国古代名窑的烧瓷历史、烧造工艺，尤其是进一步探讨匣钵装烧、玲珑瓷和芒口瓷的产生和发展提供了宝贵的实物资料，具有很高的科学、艺术和历史价值。过去多认为玲珑瓷始烧于"明隆庆、万历时期"，隋代玲珑瓷在洪州窑遗址出土，这是中国陶瓷史上罕见一例。过去认为芒口瓷产生在"上承晚唐，下启北宋"的河北定窑，而洪州窑在南朝时期即出现"对口扣烧"的芒口瓷，至少应有1500年的历史。大量出土的装有多种青瓷产品的匣钵窑具可以证实，洪州窑匣钵装烧工艺的使用早在东晋、南朝就开始，这也是目前在全国所发现的最早实例。

大量资料表明，江西丰城应是中国青瓷器的最早发源地之一，比"瓷都"景德镇烧造历史还要早1000余年。1992年至今，洪州窑遗址发掘出土各类窑工具和青瓷器计11985件，并在丰城辖境内6个乡（镇）、19个自然村调查核实了20余处古瓷窑址。此项发掘被评为1993年"全国十大考古新发现"。1996年，经国务院批准，洪州窑窑址被列为全国重点文物保护单位。

（撰稿：陈星）

白舍窑

白舍窑坐落在江西省南丰县以南 20 公里的白舍镇，是宋代江西地区以烧青白瓷为主的重要民间窑场。因窑场规模较大，产品丰富，且地处南丰县境，所以又称"南丰窑"。始烧于晚唐五代，兴盛于北宋中期，至元代初期趋于衰落，至今已有 1000 多年历史。古时就有"先有白舍窑，后有景德镇"记载。据《南丰县志》载："白舍，宋时置官监造瓷窑，窑数处，望之如山。"鼎盛时期，白舍窑建有窑口 99 座，整个窑区绵延 2 公里，场面异常壮阔。产品不仅销往国内市场，还远销日本、东南亚等地，得到官方的大力扶持。元代蒋祁在《陶纪略》一书中清楚地记载"谓与景德镇竞争者有白舍窑也"，可见当时白舍窑制瓷工艺水平之高、产销之旺。历史上也因此把南丰白舍窑与景德镇窑、吉州窑、洪州窑、赣州七里镇窑并称为"江西五大名窑"。

该窑早期流行葵瓣、瓜棱、厚唇器，圈足低矮，风格稳重，器表装饰质朴无华，釉色多艾青、米青一类光泽不甚透亮的淡青色，给人以静穆凝重的感觉。这一时期器物装饰比较简单，而且粗略，如器口葵瓣还不太对称规则，器壁留旋转切削痕，圈足切削一刀而就。由于这一时期器物不在地面上，所以人们见得不多。器物具五代遗风，代表性的为符家山下层，它的烧造范围在廖家坑、符家山附近河岸地区。这时器物制烧绝大多数采用单件仰烧法，多为漏斗型匣钵装烧，以泥圈作支垫。

中期器物唇沿变薄，器口外侈，圈足增高，形制颀长，器口由葵瓣变成葵口，多瓜棱腹器，并运用堆塑、贴塑、刻划等手法增加器物外观及附设部位的美感。如盖钮、执把等塑成花瓣、管孔、扁带等形状；在浅碟内底或深碗外壁刻划卷草、菊瓣等纹饰，仿造金银器的手法使一件瓷器兼有金银器和玉器的艺术效果，广受社会各界的欢迎。由于这一时期瓷业发展鼎盛，烧造范围扩大到官山以西、牛栏坑两侧，赖坑周围地区，产量之高、数量之多，废弃品遍地罗列，正是因为随处都可以看到卵白色的瓷片，所以过去人们有

"白舍白瓷器"的称谓。这一时期的器物绝大多数采用单件仰烧法，以漏斗状或桶状匣钵装烧，以泥圈或泥饼为隔离剂，器物除底部外，基本满釉，也发现有涩圈迭烧法或芒口覆烧法。这一时期还出土了一些瓷塑作品，如人形水注、菩萨头像及子母盒等，水注由模印贴合而成，外壁压印牡丹、石榴等图案，印纹清晰，图形规则。人物的颜面五官也端庄大方，各具神情。子母盒为大盒中粘置三个小盒，中间穿插三支荷苞，口呈子母榫式，也极工细。

白舍窑晚期产品多曲颈弧腹、斜壁小底，器形曲弧多姿，釉色滋润而丰富。器表多划花装饰，纹样有卷草、菊花、牡丹、梅枝、新月、云气等，图案主题突出，线条柔中寓刚，格局疏密有致。施釉后，由于器身的凹凸纹饰形成釉面厚薄不等，深浅不一，使纹样若明若暗，故有"影青"之称。在瓦子山发现鼓钉装饰的器盖，钉纹为贴塑所致。瓦子山为白舍窑晚期堆积，仍采用一匣一器仰烧法，产品规则，胎釉细腻。南宋中晚期，白舍窑范围已缩小到赖坑周围的五、六处窑口，逐渐走向衰落。

白舍窑从现场外露的窑床看，多采用龙窑烧造，长度在 25—35 米之间，倾斜度在 20 度上下。白舍窑共出土标本近 600 件，其中开片瓷 80 余件，约占七分之一。在白舍窑产品中，有口沿施一周褐釉的装饰法，这对釉色清淡的影青器来说是非常醒目的，在色相上引成鲜明的对比，它是江西众多的影青瓷场中少见的装饰法。

新中国成立初期，白舍窑遗址被列为江西省第一批文物保护单位。北京故宫博物院收藏的北宋白舍窑瓷碗、葵口碟、梅花盏，曾在 1980 年英国伦敦举办的"中国出土陶瓷展览会"上展出。

（撰稿：陈星）

七里镇窑

七里镇窑遗址位于江西省赣州市东南郊 4 公里处，濒临贡水北岸，接近章江贡水交汇处，地处丘陵地带，昔日是通向闽、粤的大道。古窑分布在由西至东的沿坳和七里镇之间的斜坡地带上，窑址沿贡水北岸分布长约1.5公里。原有窑包堆积16处，今存14处。最高的郭家岭高达21米，总面积7000余平方米。整个窑址可分为东区（上窑）、南区（中窑）、西区（下窑）三个地段。七里镇水陆交通便利，瓷土和燃料资源丰富，自晚唐始烧瓷器，宋、元盛极一时，前后延续300多年历史。所烧产品，种类繁多，釉色丰富，造型秀丽，工艺高超，在省内外享有很高的声誉，是江西五大名窑之一，也是国内瓷苑中的一朵奇葩。同治《赣县志》载："郡东南七里镇，七山排列如鲤，故名。镇为东关务，又为窑场"，"附近瓦砾层累，盖先朝之瓷窑旧镇也"。1959年11月，七里镇窑址被列为第二批江西省文物保护单位。2013年5月3日，"唐代至明代年间的章贡区七里镇窑址"被国务院公布为第七批全国重点文物保护单位。

七里镇窑各类瓷器的烧造年代大致可分为如下几个时期：创烧于晚唐五代，主要烧制青釉瓷和乳白釉瓷；入宋以来，主要烧造青白瓷、乳白瓷和黑釉瓷；南宋至元则以烧造酱色釉瓷和黑釉瓷为主，兼烧部分青白瓷。未见白地彩绘瓷、青花瓷和仿龙泉青瓷。

从发掘资料来看，砂子岭窑多烧制青绿釉和乳白釉瓷；周屋岭窑多烧制青白釉瓷，应是宋代所建；张家岭窑产品多为黑釉瓷。这表明七里镇各个窑场产品各有侧重和分工，时代亦有早晚之分。窑场大致是由东向西发掘出土遗物，窑址出土大量窑具，其中款铭颇为繁复，可分为姓氏、文记、数码和花押等类别。在装烧工艺上，七里镇窑全部采用匣钵仰烧，不用覆烧法，有的露胎器物用沙间隔叠烧，这在宋元时期江西瓷窑中属少见现象，这与南宋至元时期七里镇主要烧制仿金银器、漆器等高档瓷和黑釉器有关。

由于装烧技术独到高超，所烧产品种类繁多，七里镇窑与江西各名窑齐名，各类产品质量精湛，款式新颖。其中精细瓷可与景德镇瓷相媲美，宋代仿金、银、漆瓷器几可乱真。依瓷器釉色分类有青釉碗、盏、罐、瓶、炉、壶，乳白釉和青白釉碗、盏、碟、盘、枕、水盂、注壶、注碗、罐、鸟食罐、擂钵、钵、瓶、粉盒，黑釉瓷壶、钵、罐、瓶、碗、碟、杯、盅、砚、盖罐和汤勺等。其中乳白釉瓷质色如玉，釉汁润厚。唇口碗，深腹微鼓，高圈足，胎质坚致，制作规整，具有浓郁的定窑白瓷作风。各式青白釉刻花碗，轻薄坚实，釉汁莹亮。在黑釉器上饰白釉鼓钉，在素胎上刻划篦状涡旋纹，则是七里镇窑的主要特色和典型纹饰，在素胎上装饰纹样可谓七里镇窑瓷器的独特风格。七里镇窑所出褐黑地白釉乳钉柳斗纹罐有五种不同的造型，数量之多超出吉州窑，可分为敛口、敞口、卷唇、折肩、溜肩、平底、卧足、品字形和扁鼓形等形制，此类器皿是七里镇窑的典型代表产品。

（撰稿：陈星）

台湾

新北莺歌陶瓷

陶瓷艺术是东方人的文化瑰宝。据文献记载，台湾莺歌陶瓷生产始于清嘉庆九年（1804），福建省泉州府惠安县磁灶人吴鞍于这一年到了莺歌大湖兔子坑（桃园县龟山乡兔子坑村），随后族人吴岸、吴粟也来到莺歌，加入他的窑业，使得吴姓陶业旺盛起来。到了日据时期，引进以煤炭为燃料的"四方窑"，提高了莺歌制作陶瓷的效率与质量。1971 年，引进以瓦斯为燃料的新技术"梭窑""快速隧道窑"，莺歌陶瓷业迅速发展，汇聚了人才与资源，发展装饰性陶瓷、仿古瓷器、卫生陶瓷、建筑陶瓷及工业陶瓷，外销欧美日本，成为台湾地区的陶瓷中心。

莺歌陶瓷的发展在整个台湾窑业中"资历"最完整，因此莺歌尖山埔街、育英街与重庆街所形成的街廓，不仅成了名副其实的老街，又被称为"台湾的景德镇"。莺歌地区代表着台湾陶瓷生命的活力，尖山埔路是当地大型陶瓷厂林立之地，也是最具历史的陶瓷老街，附近仍保留了当时烧煤必用的方形烟囱。

"莺歌老街"正式定名的时间在 2000 年，经过新北市政府的辅导规划，"莺歌老街"原本道路两旁的老旧陶瓷厂房均改建成营业商店，行经老街，可发现陶瓷博物馆及陶瓷餐具专卖店、陶艺家工作室、莺歌陶瓷老店、陶艺家展售中心、陶艺 DIY 教室及工厂直营商店等各具特色的"陶"主题店家，店内所陈列商品包括仿古瓷、结晶釉、交趾陶、陶瓷茶具、陶瓷餐具、陶笛等兼具实用与艺术价值的陶瓷产品。来到这里，可以漫步老街，观赏挑选自己中意的陶瓷艺术品，更可以亲自体验捏陶乐趣，而除了玩陶拉坯之外，莺歌老街和周边也有许多美食，如古早味冬瓜茶、肉圆、垃圾面等等。老街上除了许多质佳价美的陶瓷器及精致艺术品外，就连其他商店也很有特色，像以红砖搭配陶瓷打造的"星巴克"、复古怀旧的老味道"厚道饮食店"等，是许多父母周末带小孩休闲的热门去处，更别说老街上还有座光点美学馆，经过规划后，洋溢观光新貌，游客到这里看陶玩陶，充满休闲乐趣。

（撰稿：吴承谕）

竹南蛇窑

竹南蛇窑创建于 1972 年，原名恒发陶瓷厂。创办人林添福出身台中县大甲东，当年看中现今竹南蛇窑的土质最适合制作陶罐，落脚竹南镇公馆里，率领九位师傅，工作九天建成了二十五米长的蛇窑（目前截短为二十米长），以生产陶瓷花盆为主。竹南蛇窑是目前台湾少数残存的蛇窑中保存完整而且还可以继续烧制的传统蛇窑，创办人林添福被人尊称为"添福师"，十三岁随福州师傅学陶，凭着聪颖的天赋，十四岁就当陶师，一辈子与陶为伍，从采土到成型，从盖窑到烧窑，从雕塑到彩绘，各种技艺样样精通。他不但擅长手拉坯、原型雕塑，更是造模的高手，其制作的陶桌椅组、大茶壶、鼎、香炉等作品敦厚朴实，保有台湾传统民俗陶之精髓，扎实的功力令人佩服，可以说是一部传统陶技艺文化的活宝典。

第二代窑主林瑞华继承父亲遗志，守护着竹南蛇窑，并发扬光大，让竹南蛇窑成了苗栗传承传统陶艺的重镇。20 世纪 80 年代，竹南蛇窑从传统窑业转型民俗工艺陶，2001 年获选为"台湾地区历史建筑百景"，2002 年被列为"苗栗县历史建筑"、2012 年林瑞华入选"台湾工艺之家"，2016 年创下金氏世界纪录"柴烧窑的最高温度 1563°c"，向全世界证明只要正确操作，木柴烧陶不但环保节能、少烟害，不需施釉就有千变万化的自然质感，还能大量减少炼制土矿、金属对环境污染的冲击。竹南蛇窑艺术总监邓淑慧近年来则致力于柴烧陶艺创作、陶瓷文化研究，及传统陶技艺、柴烧等研习课程，并透过国际交流活动，推广台湾地区的客家陶窑文化。第二代窑主林瑞华以古窑生态博物馆理念经营，推广柴烧陶艺生活美学，在传统工艺与现代艺术之间开创一条自己的道路。

（撰稿：吴承谕）

竹南蛇窑（吴承谕 摄）

南投水里蛇型柴窑

水里蛇型柴窑位于南投县水里乡顶崁村，于1927年创立，由南投制陶师傅林江松（第一代窑主）创建。当地为木材的集散地，燃料丰富且陶土质佳，林江松是最早到水里砌筑窑炉的陶瓷工作者。蛇窑系顺着山坡地形以土砖砌成，窑身甚长，远远望之似蛇之形，因而得名，水里蛇窑是台湾现有最古老、最具传统乡土文化的柴烧窑。第二代窑主林木仓（瓮仔伯）十三岁开始跟父亲学做陶器，十九岁就成为能挑大梁的制陶师。此时是水里蛇窑陶器最风光的时期，最具代表性的产品为水缸、陶瓷日用品，也制作过当时需要的"防空缸"。由于这里出产的陶器质量良好，口碑甚佳，"抢窑"的文化在此衍生。"抢窑"为刚开窑时就冒着危险进窑取成品，此时窑温还高达两百度以上，因此窑工须穿着布袋装作为防护。第三代窑主林国隆发现蛇窑除了具有生产传统陶瓷的能力之外，最珍贵的价值莫过于"文化"与"历史"，因此于 1983 年接掌水里蛇窑时就确定明确方向，秉持着"有价值的文化值得被保护"的理念，开始执行历经十年的老窑场改革计划，于 1993 年 11 月 12 日成立台湾地区第一座开放的观光工厂"水里蛇窑陶艺文化园区"。园区规划有蛇窑文物馆、陶艺教室、千禧双口瓶、蛇窑咖啡馆、成型区、产品展售部等馆区。目前第四代接手水里蛇窑，营造出独具风格的文创学习基地，让游客可以享受 DIY 制陶的乐趣。

（撰稿：吴承谕）

嘉义交趾陶

交趾陶，因发源于广东五岭以南（古名"交趾"）而得名。交趾陶是一种低温多彩釉陶，其制作全凭陶匠用双手及竹篾将陶土片片贴合、修饰，以多彩釉细工着色使其绚丽，再经过多次烧制而成，其特点在于晶亮艳丽的宝石彩釉，呈现多元丰富的中国民俗风格，且包含了捏塑、绘画、烧陶等多种技术工艺。

明末清初，交趾陶传入台湾，主要作为庙宇或传统建筑中的装饰，题材多以传统民间神话、忠孝节义故事及吉祥献瑞等为主，其人物的身段、服饰则深受地方戏曲及歌仔戏的影响，不论人物或鸟兽、花卉的造型、用色，皆十分鲜艳生动。由于交趾陶的制作技巧难度高，因此习得此艺的匠师寥寥可数。嘉义素有"交趾陶故乡"之称，培育出许多交趾陶名匠。

台湾交趾陶可分为宝石釉系的叶王及水彩釉系的柯训两大派系。本名叶狮字麟趾的叶王，生于嘉义，是台湾交趾陶的开山宗师。他的作品散见于嘉南一带各大庙宇，如今仅剩台南学甲"慈济宫"、佳里"震兴宫"、嘉义"城隍庙"等地保留较为完整。其作品取材广泛，有人物、花鸟、景物等，造型丰富，沉逸古拙，用色沉敛稳健，并独创胭脂红、翠绿颜色的釉料，后世更有"叶王交趾烧"之封誉。

交趾陶，台湾地区民间称为"交趾尪仔""交趾仔"，一般庙宇中有许多交趾陶塑造人物，而"尪仔"在闽南语中正是"人物"的意思。交趾陶的制作可分为选配土与练土、成形、挖空、阴干、素烧、制釉、上釉与釉烧等程序。陶釉是金属与自然矿石的合成，一般称宝石釉，交趾陶的成品美丽与否，主要就是看上釉的技巧和釉色的种类。

近来，由于台湾地区文创产业兴起，在嘉义县新港乡，有工艺家开始将交趾陶以观光休闲形式推广，例如板陶窑、古笨港陶华园。也发展出不少创意商品，像交趾陶造型公仔等。随着时代改变，交趾陶渐渐从庙宇、建筑，延伸至街道、公园等公共空间，甚至走入家居中，成为可独立展示的艺术品或时下流行的文创商品，创作题材也越发多元，越发亲近生活。

（撰稿：吴承谕）

三

舌尖美食

江西

南昌瓦罐汤

瓦罐香沸，四方飘溢，一罐煨汤，天下奇鲜。

瓦罐煨汤是民间传统的煨汤方法，是赣菜的代表。《吕氏春秋·本味篇》记载了煨汤的真谛："凡味之本，水最为始，五味三材，九沸九变，则成至味。"

瓦罐煨汤的由来，说法不一。其一相传北宋嘉祐年间一洪州（今南昌）才子约友人郊游，至一美景处，命仆人就地烹鱼煮鸡烧肉，玩至夕阳西下，众人仍意犹未尽，相约明日再来。临走时，仆人将剩余鸡鱼肉及佐料放入瓦罐，加满清泉，盖压封严，塞进未熄的灰炉中以土封存，仅留一孔通气。次日，众人如期而至，仆人将掩埋的瓦罐搬出，才开瓦盖，已是香飘四溢，细品，味道绝佳。此后，众人外出游玩均如法炮制。不久被一掌柜得悉，引至饭庄，瓦罐煨汤自此扬名民间，成为赣菜一绝。另一种说法为相传明末崇祯三年，翰林大学士汤斌在江西任职，为官三年，两袖清风，三餐以瓦缸清汤为膳。常年在府前设大瓦缸，投以南瓜、豆腐等，小火煨之，施舍饥民。百姓感其高节义举，誉之为"三汤"。此"三汤"含其为政为官如瓦缸汤清，其人如黄连汤苦，其入世则如人参汤补。汤斌离任后，百姓念其恩德，纷纷举瓦罐煨汤，遂成江西民间风景。

两种关于瓦罐煨汤由来的说法因时代久远不可考究，但不论是哪一种，其独特的口味和特殊的制作方法已使其成为中国传统民间美食的典型代表。随着时日变迁，江西名厨采瓦缸架火煨汤之形，遍用五味三材，讲究食性、药理，九沸九变，文武双火交替，时疾时徐，灭腥去臊除膻，以存甘、酸、苦、辛、咸，达到甘而不甜、苦而不涩、咸而不浓、辛而不烈、淡而不薄、肥而不腻，讲求食性、药理，成就了今日南昌脍炙人口的民间瓦罐煨汤。

瓦罐汤最具标志性的当数那硕大的瓦罐，瓦罐底部用炭火煨着，罐壁上架着环形的铁架，铁架上放着几十口小瓦罐，每罐都是不同的汤料，放在一起盖了盖子慢慢地煨，一煨就是几个小时甚至更久。所煨制出的汤原汁原味，含有极高的营养价值。顾客想要什么汤，老板便麻利地取出，油亮的小瓦罐特有的质感加上老汤扑鼻的香味，惹得客人们肚子里的馋虫全都迫不及待地要跳出来。

很多南昌人已经习惯了这样的生活场景：一大早上班前先跑去汤店，要一碗味美价廉的瓦罐汤，再来上一碗地道的南昌拌粉，美好的一天就从这美食开始了。

"民间煨汤上千年，四海宾客常留连。千年奇鲜一罐收，品得此汤金不换。"

（撰稿：周美庄）

赣南客家菜

唐末以前，赣闽粤三省交界区域居住着古越人后裔如畲瑶等少数民族和为数不多的北方迁来的汉人。唐末以后，由于中原战乱、自然灾害等原因，大量的北方汉人纷纷南迁，并开始大规模进入这一山高林深、地广人稀的区域。大量汉人的迁入打破了这一地区长期原始封闭的状态以及古越人后裔畲瑶等少数民族为主体的居民格局，给这一区域注入了新鲜血液和勃勃生机。一方面，汉人带入先进的生产方式和生活方式，使这一地区得到较快的开发。另一方面，汉人与畲瑶等少数民族交错杂居在一起，势必以自己优势文化引领这一地区的民族融合进程，以致到了宋末，这里人文蔚起，一个以中原传统文化为核心同时又蕴含着土著文化和其他因素的新文化形态——客家文化便初步形成，创造和传承这一文化的便是客家人。

客家先民从北方迁到南方，从平原地带入居山区丘陵，他们虽然远离了动乱战火，却面临新的生存环境。为了生产和发展，他们吸取土著居民长期形成的与当地气候、地理环境相适应的饮食经验，将中原饮食文化进一步发扬光大，对山区所有可食用的动植物资源加以充分利用和开发，逐渐形成了自己新的饮食理念和烹制技法，到了宋末，山区特色明显的客家菜雏形开始显现。明清时期，客家地域得到进一步开发，社会经济的发展达到一个新的高度，特别是随着客家地区内部文化交流的增加（明清时期赣南、闽西、粤东居民互迁和外迁现象时有发生），客家菜逐渐发展为成熟的烹饪体系。二十世纪七八十年代，随着改革开放，社会经济发展步伐加速，客家文化与外界的交流更为频繁，客家菜在继承传统风味的基础上，再取南北东西各路派别烹饪技艺之精华，形成了精细清鲜、古朴醇厚并存的雅俗共赏风格。

赣南客家菜从用料、烹饪方法到风味特点上有一套较为成熟的体系，具有"味型咸辣醇厚见长、清淡味重兼具、原料山野气息浓郁、烹调技法精妙考究、人文气息意蕴深远"的特色。

赣南客家菜口味以咸辣醇厚见长，清淡味重兼具。南方山区适宜种植辣椒，且气候潮湿，食用辣椒可祛风除湿，而山区生活劳动强度大，辣椒可开胃增强食欲。客家菜的辣与川菜、湘菜的辣不同，传统川菜以麻辣见长，湘菜以酸辣见长，而客家菜以咸鲜辣见长，这与客家人善用辣椒、姜、糯米酒和酱油有关。辣椒与姜配合使用，辣味显得更加纯正，再加以家酿糯米酒和酱油，菜肴的主味突出，副味醇厚。

赣南客家菜烹饪原料以畜禽、河鲜、山珍、蔬果为主。赣南地处山区，山区所产的山珍、河鲜、蔬果野菜和畜禽自然就成为客家菜的主要成分，如有名的小炒鱼、酿豆腐等都是客家人利用上述原料所制作出的美味。

赣南客家菜烹制技法众多，精妙而独特。与沿海、平原地区相比，客家地区相对闭塞，制作菜肴的原料存在一定局限，但其将烹饪技术发挥得淋漓尽致，能够就同一种主原料用不同烹制方法做出多种名菜，如鱼，就可做出赣南小炒鱼、粉蒸鱼、酒糟鱼、鱼头鱼尾羹、烩鱼饼、鱼丝等等。

赣南客家菜人文内涵丰富，美食名食数不胜数。客家人热情好客、崇文重教，其人文精神在客家菜中得以充分体现。传统的客家菜多形粗而量多，如赣南粉蒸鱼，一道菜足以让多人吃饱。这种粗犷的特点，即使在重大宴请场合也同样体现，以往赣南客家民间做喜事办酒席，往往是"四盘八碗"，即分别用四个大盘和八个大碗盛菜，共十二道大菜，还有地方风味小吃、特色食品等，让客人吃饱而后快。

赣南客家菜是赣菜的重要一支，经典的菜品如手工鱼丝、赣南小炒鱼、赣南鱼饼、四星望月、三杯鸡、信丰萝卜饺、荷包肉、薯包鱼、烫皮、宁都肉丸、糯米鸡、瑞金牛肉汤、擂茶、南安板鸭、薯包、酸酒鸭等，均声名远播。

（撰稿：周美庄）

赣南客家菜　四星望月（章贡区非遗中心 提供）

赣南客家擂茶

客家擂茶，是客家先民在迁徙、生产、生活中积累形成的一种饮食习惯，是居住于湘赣闽粤台一带客家人最普通也是最隆重的待客礼节，是中国茶文化中的一枝奇葩。它以独特的烹茶技艺，自成系统，堪称一绝。它以古朴见趣，以保健见效，闻名遐迩，蜚声中外。

客家擂茶，源远流长，有上千年的历史。据史料记载，客家擂茶由汉魏的粥茶和唐宋的点茶衍变而成，始于黄河以北，客家先民南迁时把它带到赣南。

关于擂茶的起源有三种说法，一种是司马错说：公元前280年，秦朝大将司马错驻扎在湖南桃花源毗邻的长茅岭一带，军队将当地流行的一种叫作"苦羹"的食物当作主食和药食用。一种是马援说：相传东汉伏波将军马援奉汉武帝之命远征边关，途经湘粤边界，由于南方气候多变，时而炎热酷暑，时而阴雨绵绵，北方将士不服水土，病疫缠身，个个头晕身重，燥热烦渴，上吐下泻，浑身无力。马援无奈派人四方求医，正在焦虑万分之际，有一老妪向马援献上祖传秘方，以生姜、生米、生茶叶组成"三生饮"擂汁，沸水冲泡后服用。三军将士服用"三生饮"后非常灵验，有病者迅速康复，无病者不再感染。一种是张飞说：三国时，张飞带兵进攻武陵壶头山，正值炎夏酷暑，当地瘟疫蔓延，张飞部下数百将士病倒。值此危难之际，村中一位郎中献出祖传擂茶秘方，结果茶（药）到病除。

此后，"食擂茶"的人越来越多，并越制越巧，越有滋味，成为客家先民为避免南方瘴病侵袭而产生的一种驱瘟逐疫防病毒的特殊饮茶文化。擂茶也成为药食同源的典范。

擂茶制作简便，清香可口，且因配料不同，分别具有解渴、清凉、消暑、充饥等效用。制作擂茶时，一般是把茶叶擂成碎末，加入各种配料，再以开水冲熟即成。茶叶其实不全是茶叶，当茶叶用的品种特别多，除老茶叶

赣南客家擂茶制作（杨可 摄）

外，更多的可能是野生植物的嫩叶，如清明前的山梨叶、大青叶（不分季节）、雪薯叶等。将叶子煮熟、发酵，然后洗净、晒干，以备随时取用。用时，一般先将茶叶浸透洗净、捣碎，放进擂钵内，用擂杵擂融，加入各种配料，如油、盐及其他，开水冲入便成。所用配料，因用途而异。加入鱼腥草、藿香、陈皮、甘草可制成"防暑擂茶"；加入葛根花可醒酒；加入茵陈、白芍、甘草可制成"消热擂茶"。在春夏可加入金银花、薄荷叶，秋季配上白扁豆、白菊花，冬季调以花椒、肉桂。

客家人制擂茶，以妇女见长。其擂茶有一套称为"擂茶三宝"的工具：一是口径 50 厘米且内壁有粗密沟纹的陶制擂钵；二是用上等山楂木或油茶树干加工制成的约 85 厘米长的擂棍；三是用竹篾制成的捞滤碎渣的"捞子"。制作擂茶时，将茶叶、芝麻、甘草等放入钵体，手握擂棍沿钵体内壁顺沟纹走向有规律旋磨，间或在钵中间擂击，待用料研成碎泥，即用捞子滤出渣，钵内留下的糊状食物或叫"茶泥"，或称"擂茶脚子"。再冲入沸水，适当搅拌，再佐以炒米、花生米、豆瓣、米果、烫皮等，就是一缸集香、甜、苦、辣于一体的擂茶了。

在客家地区流传着这样一首歌："走东家，串西家，喝擂茶，打哈哈，来来往往结亲家"，这体现了客家人将擂茶作为"客来敬茶"的待客礼俗。平时邻里之间多有来往，大家常坐在一起喝擂茶，桌上装着艾米果、灯盏糕、油炸薯干等特色小吃，同时唠叨家常，增进关系，充分体现了客家为"好客之家"。在赣县客家古村不少地方还保留些讲究的喝法，新婚之日要请街坊邻居和亲朋好友前来喝"结婚擂茶"，新婚第三天则要请街坊邻居中的妇女前来喝"三朝擂茶"，让过门的媳妇认识妯娌姑婶，以便日后和睦相处。

"喝擂茶，吃粑粑（方言，地方小吃），壮身体，乐哈哈。"擂茶，已成为"药食兼佳，味中有味"的"客家保健饮料"。

（撰稿：周美庄）

庐山云雾茶

高山出好茶，名山有名茶。我国名茶宝库中的珍品——庐山云雾茶，就生长在风光绮丽、气候宜人、闻名中外的游览避暑胜地——江西庐山。

庐山屹立于长江之南，气吞大江，影落鄱湖，平地拔起，主峰汉阳峰海拔 1474 米。这里青峰秀峦钟灵毓秀，云海奇观变化万千，清泉喷流，蒸汽升腾，气候凉爽。庐山云雾茶也因生长在这云雾之中而得名。

据《庐山志》载："东汉时，佛教传入我国，当时梵宫寺院多至三百余座，僧侣云集。攀危岩，冒飞泉，更采野茶充饥渴。各寺亦于白云深处壁岩削谷，栽种茶树者焙制茶叶，名云雾茶。"自晋以后，不少诗人学者上山游览和隐居，留有不少赞美庐山的诗文，都涉及庐山茶叶。唐代，庐山云雾茶已名声在外。白居易曾在庐山香炉峰下结草堂隐居，辟园种茶。其在《香炉峰下新置草堂即事咏怀题于石上》说："平生无所好，见此心依然。如获终老地，忽乎不知还。架岩结茅宇，斫壑开茶园。"宋时，庐山云雾茶被列为

采茶（庐山云雾茶）（蔡志平 摄）

贡茶。清光绪《江西通志》记载："匡茶（即庐山云雾茶）香味可爱，茶品之最上者。"又云："茶五邑俱产，惟庐山出者味香可啜。"

庐山云雾茶的最佳采摘时间在清明左右。要求只采初展的一芽一叶，长度不超过3厘米，制特级茶。采回后先剔出紫芽和病虫害叶，然后摊于阴凉通风处，放置4—5小时，再进行炒制。

随着历史的发展，庐山云雾茶的制法也在不断改进。宋时由蒸青团茶演变为蒸青散茶，明时又演变为炒青散茶。现行的庐山云雾茶的加工制作十分精细。初制分杀青、抖散、揉捻、炒二青、理条、搓条、拣剔、提毫、烤干（或烘干）等工序；精制分去杂、分级、匀堆装箱等工序。每道工序都有严格要求，如杀青要保持叶色绿翠，揉捻要用手轻揉，防止细嫩叶断碎，翻炒动作要轻……加工好的庐山云雾茶，一芽一叶，色泽翠绿，浸泡出的茶汤含有大量茶多酚等，高香持久，品质尤佳。

庐山云雾茶以条索粗壮、青翠多毫、汤色明亮、叶嫩匀齐、香高持久、醇厚味甘等"六绝"而久负盛名。成品茶外形饱满秀丽，色泽碧嫩光滑，芽隐露，茶汤幽香如兰，耐冲泡，饮后回甘香绵。仔细品尝，其色如沱茶，却比沱茶清淡，宛若碧玉盛于碗中。

庐山云雾茶芽头肥壮，茶中含有较多的单宁、芳香油类和多种维生素，不仅风味独特，而且具有怡神止泻、帮助消化、杀菌解毒之功用。

正如诗云："庐山云雾茶，味浓性泼辣。若得长时饮，延年益寿法。"

（撰稿：周美庄）

宁红茶制作技艺代表性传承人俞旦华（蔡小花 摄）

宁红茶

宁州，即修水、武宁、铜鼓三县，在清代时都属于义宁州管辖，所以，这三县都称为宁州，而修水所产制的红茶称为"宁红"。修水，地处湘、鄂、赣三省交界，位于江西北部幕阜山与九宫山交汇处，是"八山半水一分田，半分道路和庄园"的山区县，属亚热带湿润季风区域，气候温和，雨量充沛，县境四周群山起伏，县内丘陵广布，四季云雾缭绕，处处清流潺潺，这为宁红茶的生产提供了良好的生态环境。

红茶发源于武夷山区（即福建省崇安县今武夷山市和江西省铅山县），然后传到江西省修水县，再传到浮梁县和安徽省东至县，最后传到祁门。就红茶而言，是先有"正山小种""河红"，次有"宁红"，再有"浮红"，后有"祁红"。

修水宁红茶有着深厚的历史基础，五代毛文锡在《茶谱》中载"洪州双井白芽，制造极精"，北宋欧阳修在《归田录》中载"其品（双井茶）远在日注（浙江绍兴）上，遂为草茶第一"。

相传明末闯王李自成退出北京，出走九宫，途经修水满江，驻扎在一个茶庄，其时茶庄之人闻兵远避深山。待第二天兵退，庄人返回茶庄，发现前一天采好的未及烘烤加工的一批上等茶叶皆已发红"变质"，但其香气袭人，经冲泡品尝，味、色、香均别具风味。聪明的修水人受到启发，改进了工艺，加工制出了现今的修水红茶。

清光绪十七年（1891），修水茶师罗坤化开设的厚生隆茶庄产制的白字

宁红茶　修水县漫江红茶叶基地（曾博文 摄）

号宁红茶,被游历来华的俄太子尼古拉·亚历山德罗维奇赠予"茶盖中华,价甲天下"匾额,"宁红太子茶"也由此得名。

在1915年美国旧金山巴拿马太平洋万国博览会上,宁红茶获得甲级大奖章(当年设六个等级奖即甲级大奖、乙级荣誉奖、丙级金奖、丁级银奖、戊级铜奖和己级奖词)。清道光至光绪年间,修水茶庄一百多家,其中广帮十家,徽帮三十家,晋帮、本帮及杂帮六十多家。宁红茶在国内各地销售,清末民初达到顶峰,1951年《中国茶讯》报"1906年南昌始有茶企开业,市上以宁茶为主,次有婺源、祁门茶……销往哈尔滨、镇江、南京、天津、济南等地"。

宁红外形紧结圆直,锋苗显露,色泽乌润,香高持久,滋味醇厚甜和,汤色红艳明亮,可谓是红茶中的佼佼者。茶叶专家评价其为:"外形紧结,苗锋修长,色泽乌润,汤色红亮,甜香高长,滋味甜醇,叶底红亮。"美国茶叶专家、《茶叶全书》作者威廉·乌克斯记述:"宁红外形美丽,紧结,色黑,水色鲜红引人,在拼和茶中极有价值。"又说:"修水所产之红茶为名贵之拼和茶,外形灰色而有芽尖,条子紧密,汤色佳良。"

宁红茶含有丰富的维生素类和矿物质,并且是食品中氟化物的重要源泉。茶咖啡碱和多酚类复合,使之具有咖啡碱的药效而无副作用,茶多酚与抗坏血酸一道对防治血管硬化、增强血液循环都有良好的效果。

(撰稿:周美庄)

贵溪灯芯糕

贵溪灯芯糕,因形似灯芯,含油丰富,可以点燃而得名。

相传明末抚州商人薛应龙喜贵溪商贸繁华,举家定居贵溪,经商开一爿小店,贩卖灯芯草,后改行专制糕点,并创办手工作坊。一日突发奇想,将原来所生产"云片糕"切成细条,因形似灯芯而取名为"灯芯糕"。薛应龙做生意以"人诚义重生意隆、货真价实铺子兴"为经商之道,引来云游龙虎山的八仙之一——"铁拐李"借宿相助。"铁拐李"睡在作坊案板，次日留下秘方而去，从此"龙兴铺"（即薛应龙的糕点铺）在案板上做出来的灯芯糕香气扑鼻，百吃不厌，香飘八方，名扬四海，贵溪龙兴铺"铁拐李"灯芯糕由此而来。

贵溪灯芯糕选用当地纯天然优质糯米为主要原料，配以白糖和三十余种中药材，通过洗、炒、蒸、磨、压、锤等一系列工序制作而成。其色泽洁白晶莹，口感类似云片糕，软糯中带有微微的砂砾感，味道香甜可口，还掺杂着薄荷、肉桂的气息。

江西人素爱饮茶，灯芯糕就是佐茶的点心。加之灯芯糕寓意"步步登高，万象更新"，每逢婚姻典礼、寿诞庆祝、新春佳节，灯芯糕都是款待和馈赠亲友来宾之佳品。其在明清两代皆被列为贡品，清乾隆皇帝游江南时，曾品尝龙兴铺灯芯糕并赞曰："京省驰名，独此一家。"灯芯糕由此而闻名天下，被评为江西四大名点（九江茶饼、九江酥糖、贵溪灯芯糕、丰城冻米糖）之一。

至今，很多地方都有品糕、送糕的习俗，寓意在成长、别离、团聚之时，送去高兴，步步高升。灯芯糕承载着浓浓的乡情，品味灯芯糕的香甜，激发儿时的回忆，能让人感受到过年的味道……

（撰稿：周美庄）

樟树四特酒

以"药都"著称的江西省樟树市，不仅盛产名贵药材，而且生产一种"清亮透明，香气浓郁，味醇回甜，饮后神怡"的传统地方名酒——四特酒。江西老表逢年过节，迎宾待客，均喜饮四特酒。

四特酒具有悠久的历史。距今约3500年的吴城遗址（位于樟树市）出土的酒具青铜斝和酒器樽、爵等，印证了樟树深厚的酒文化。南宋著名诗人陆游在江西任职时，曾把饮美酒感叹为"名酒来清江（即樟树），嫩色如新鹅"。明清时期，樟树当地的酿酒技艺渐入佳境，酒坊酒肆遍布城中。清代光绪年间，樟树娄源隆酒店在继承本地传统小曲酿造蒸馏白酒工艺的基础上，酿造出了酒色清亮、香醇可口的优质白酒。为防止假冒，酒店在装酒酒坛上贴了四个"特"字，便于与其他酒区分，也表示特别优质。"四特酒"名称便由此产生。

在四特酒的发展中，香型的归属曾一度是个谜。其在香气方面具有多类型、多层次的典型感官特征，为浓香、清香、酱香三香兼具但均不露头的复合香气，既淡雅舒适，又丰满细腻。因其"整粒大米为原料，大曲面麸加酒糟，红褚条石垒酒窖，三型具备犹不靠"，后被审定批准为特香型白酒，从而奠定了四特酒在中国白酒行业中独特而重要的地位。

四特酒选用产于赣鄱稻区的纯天然优质稻米为酿造原粮，其工艺独特之处，很重要的一点便是以整粒大米为原料，直接与料醅混蒸，减少营养元素流失，丰富四特酒香味成分。这种以整粒大米为原料的制作工艺在全国名酒中开了先河，而其他白酒一般采用碎米发酵或经过浸泡再发酵。

四特酒大曲以面粉、麦麸加酒糟为原料，在白酒领域独树一帜。曲胚经过上霉、晾霉、潮火、大火、后火，三次翻曲，形成既有高温曲酱香，又有中温曲浓香的曲块。曲块经储存粉碎后，与糟醅一并入池发酵。

四特酒生产使用的发酵池是古老而独特的。窖池壁采用了特有的红砂岩条石垒砌而成，窖底用黄黏土经多次发酵，窖壁、窖泥都经过特殊处理，黄土黏实、不易渗漏。窖池在长期不断的发酵过程中形成的有益微生物种群，为四特酒浓香醇厚的风味发挥了巨大作用。

四特酒酿造工艺流程包括润料、配料、出池、拌料、装甑、蒸馏、掌摊及入池发酵等，属蒸馏酒酿造技艺。将原料大米与发酵后出池的糟醅进行混拌，根据传统酿造工艺"续混蒸"工艺操作，将混拌均匀的料醅装入独特的白酒蒸馏设备——甑进行蒸酒，以达到蒸酒蒸料的双重目的。蒸馏过程遵循缓汽蒸馏、大汽追尾，接酒过程遵循掐头去尾、量质摘酒的工艺要求。经蒸馏后的料醅，再分别经过吸浆、凉糟、下米曲等操作后，重新进入发酵池进行固态发酵 40 天。整个工艺流程为独特的"三进四出"四甑操作法，即三层糟醅（一层踩糟、两层原料糟）进入窖池进行下一轮发酵，发酵结束后，四层糟醅（一层踩糟、两层原料糟、一层丢糟）进行出池蒸馏，如此循环操作。

"亮似钻石透如晶，芬芳扑鼻迷诱人，柔和醇甘无杂味，滋身清神类灵芝。"四特酒色泽如水，清澈透明，醇香扑鼻，饮之柔和适口、绵甜回香，行销全国，深受欢迎。

（撰稿：周美庄）

江西米粉

米粉情结，江西似乎人人都有。有学者考证，中国米粉始于江西，而后向西南地区传播。海外亦流传"世界米粉在中国，中国米粉在江西"。

米粉，是以大米为原料，经浸泡、蒸煮和压条等工序制成的条索状米制品。各地称谓有别，江西、湖北、湖南、广西、贵州等地称"米粉"，云南称"米线"，广东、海南、福建及江西部分地区称"濑粉""粉干""捞化""粿条""水粉"，浙江称"索粉""凉粉"。

东汉九江郡（今江西九江市）太守服虔记录"煮米为糁"，是中国米粉记载的滥觞。清代，江西各地方志关于岁时风俗的记载中亦多有米粉记载。清同治十二年（1873）《南城县志》载："正月元旦，为一岁首，交相庆贺，往来如织，贫富家皆备果盘留饮，糕、果、粉、面不一。"清光绪十九年（1893）《上犹县志》载："正月八日，以米粉杂菜蔬八种煮食之，谓之'八宝羹'。"

民国年间，江西各地米粉在制作工艺、烹饪技巧、食用方法上各有不同，并各自创出知名品牌流传至今。例如"上饶米粉粗而嫩，喜食鲜粉；抚州一带则细而柔，不宜久泡；鹰潭米粉粗细适中，多用干粉，煮涨晾干后，可煮可炒，风味独特"。民国初年至新中国成立后，江西地方史料中关于米粉风俗、技术同样记载丰富，知名品牌遍及全省各地，各市县均形成了具有本土特色的粉俗，例如，南昌"客至必以米粉或作汤饷焉"；九江米粉名店聚集区域茶馆"喝茶先上米粉"；上饶广丰米粉"可制成肉丝炒粉、汤粉、羊肉粉等品种"，请神拜寿开席吃寿粉；横峰"一家来客，四邻招待，或煮鸡蛋面条，或炒年糕、米粉"；铅山"因为米好，所以米粉尤为著名"；峡江"年产米粉干100吨，全年运销南昌、吉安、赣州等地65吨"……

江西米粉可翻飞爆炒、可高汤煮之、可配料拌食。如今，在江西各地，几乎无一不产粉、无一不特色，构成了非常独特的江西米粉美食版图。江西多地居民的早餐是从一碗米粉开始的：南昌有"南昌拌粉"，吉安有"吉安贡粉"，宜春有"宜春扎粉"，抚州有"抚州泡粉"，上饶有"铅山烫粉"，新余有"新余腌粉"，鹰潭有"鹰潭牛肉粉"，景德镇有"景德镇冷粉"……

2019年，首届中国江西米粉产业高峰论坛在余干县举行。据统计，在江西，米粉生产企业有100多家，米粉配套生产企业300余家，以米粉为主要销售单元的小吃店有近3万家。江西米粉风味独具，恰是中国好味道。它是一种家乡的味道，是江西人的乡愁。

（撰稿：周美庄）

江西米粉　铅山烫粉（敖玉龙 摄）

丰城冻米糖

丰城冻米糖是江西丰城享有盛名的特色小吃，俗称"江南小切"，以其"洁白如雪、香脆酥甜、落口消融"的独特风味闻名天下。

相传丰城冻米糖的来源与明朝末年的抗倭名将、出自丰城杜市镇的邓子龙将军有关。邓子龙28岁中武举，先后征战闽、粤、浙、赣、黔、楚等地，立下赫赫战功。常年带兵打仗，后勤补给和干粮携带有时非常困难。邓子龙想起了家乡香甜糯软的糯米饭，他把糯米煮成糯米饭晾干，炒成爆花米，用糖搅拌，切成小块，并取了个好听的名字"小切"（因切得薄、块头较小而得名）。行军打仗的时候，把这些"小切"分给每个士兵背在身上，十分便利。

此后每年中秋一过，农村家家户户把糯米饭晾干，炒成爆花米，用米糖拌粘，切成块块，待客解茶。有更讲究者，用上等糯米饭做成冻米"干饭"，再用清茶油煎泡"干饭"，使"干饭"变成爆花米，再用饴糖粘结，冷却后用薄刀切成小块，前后经过20个工序加工制作而成。

丰城冻米糖（戴继民 摄）

清乾隆二十一年 (1756)，乾隆下江南，途经丰城县城"胡记点心店"品尝这"江南小切"，连声称赞"香、甜、酥、脆"，从此"小切"成为皇室贡品。而后，"小切"逐渐演变定型为薄片小块的冻米糖。

丰城冻米糖生产所用原料是本地特有的糯米。这种米属粳型糯性一季晚稻，米质特别优良。适宜生长在阴凉的山坞，水温偏低，湿度较大，光照时间短，只能在僻远、清凉、洁净、无污染的山区潜育型冷浆田中种植。丰城得天独厚的地理环境和气候特点非常适合这种糯米的培育和生长，为制作丰城冻米糖提供了最重要的原料。

丰城冻米糖具有"香、甜、酥、脆"的特点，其外观平整、洁白晶亮、清香爽口、入口消融、无渣无屑、不粘牙、不塞牙，且营养丰富，含有多种氨基酸、蛋白质、维生素等营养成分，不含人工色素、防腐剂等化学成分，为度假休闲、观光旅游、迎亲待客、馈赠慰问之佳品。

（撰稿：周美庄）

台湾

蚵仔煎

牡蛎，闽南语称之"蚵仔"，广东话称之"蚝"，其他地方常称之"海蛎"。同样的牡蛎，闽粤地区、台湾地区、东南亚华人的烹调方法以及使用的粉、蔬菜、酱料等，都有差异。

台湾地区的蚵仔煎，一般说是源自闽南小吃，但在台南，对蚵仔煎的起源另有传说：1661年，郑成功军队登陆台南，与荷兰军队交战期间，因粮食不足而就地取材，以番薯粉和其他谷粉打浆，混杂各种找得到的海产、肉类、青菜等，以油锅煎成饼，此即蚵仔煎的原型。蚵仔煎可以说在台湾地区被发扬光大，因为台湾地区是海岛，养蚵业兴盛，每天都有鲜蚵上市，所以蚵仔煎才成为台湾各地都吃得到的平民小吃。

台湾地区蚵仔煎一般的做法是：在大的圆形平底生铁锅上用炭火或天然

台湾蚵仔煎（陈子发 摄）

气油煎，先放入蚵仔、小白菜（或茼蒿），淋上番薯粉做的芡水，再下鸡蛋，然后翻面煎熟，起锅后再淋上特调酱料（含酱油膏、甜辣酱与糖等）。但每家店摊都有自己的手法，包括煎的焦度、芡水的稠度，以及独门的酱料。台湾地区蚵仔煎使用番薯粉芡水，所以煎好后呈透明状，与福建厦门、漳州的蚵仔煎做法是使用面粉有所不同，所以煎好之后看起来像是蚵仔饼。

（撰稿：吴承谕）

万峦猪脚

万峦猪脚创立人是王依悌，福州人，少年即拜师学艺，雕刻、白鹤拳、烹调样样精通。1948年落脚屏东县，开设食堂为生，并开始卤制猪脚贩卖。之后由林海鸿的海鸿饭店及堂妹林陈玉妹的林家万峦猪脚在当地推广而慢慢地广为人知，也引发了许多同乡人加入了经营卤制猪脚的行列。

万峦乡民以务农为主，乡内有多处客家村落，主要农作物为槟榔。当地知名的猪脚店有海鸿饭店、熊家猪脚、林家猪脚、李家猪脚、万泰猪脚店、万佳猪脚店、艺香猪脚店、大人物猪脚店等，其中最早设立的餐厅为林海鸿在1949年所创设的海鸿饭店。2004年，屏东县在万峦乡民和路、褒忠路一

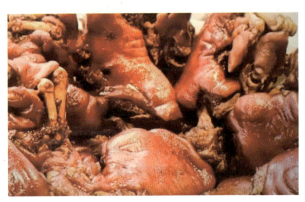

万峦猪脚（吴承谕 摄）

带开辟万峦猪脚街，并铺设约 100 米的镂花路面，由客家蓝衫、槟榔及猪脚等图形拼成。在万峦猪蹄制作过程中，各店家均强调只取用猪前蹄部位，并保留猪脚筋，经过除毛、川烫、冰镇，再加入八角、桂枝等数十种调料卤制而成。

（撰稿：吴承谕）

台南担仔面

度小月担仔面开设于清光绪二十年（1894），创始者为台南的洪芋头。台南海边清明时节常有暴雨，夏季常有台风侵扰，风雨交加导致不易出海捕鱼，生计顿时艰困。闽南语称收入不佳的淡季为"小月"，以捕鱼为业的洪芋头在无法出海的"小月"，常于台南水仙宫前挑着扁担叫卖面食，以度过"小月"，并自名"度小月担仔面"，书写在摊前所吊的灯笼上。

台南担仔面（吴承谕 摄）

台南担仔面最早被归为点心，原因是台湾地区只有少数地方的气候适合种植小麦（主要在台中大雅区一带），面粉的价格比米贵很多，所以面属于副食品，主要做成点心、小吃。直到20世纪50年代初，面粉制品渐渐普及，担仔面也成为民众常吃的面食，现今在台南地区有许多老店集中于台南市中正路上。这道面食的主要成分为：面条或米粉、豆芽菜、香菜、蒜泥、五印醋、虾仁、少许汤汁以及独门肉燥。担仔面通常略贵、量少（约仅成人两口分量）。

（撰稿：吴承谕）

棺材板

　　棺材板是台南著名的小吃之一，由许六一先生发明。棺材板的前身是用西式酥盒加上鸡肝等中式配料做成的，一开始不称棺材板，而叫鸡肝板。据闻，某日台湾大学考古队来到这家点心店品尝鸡肝板。在茶余饭后，考古队与许六一先生闲聊之际，一位教授忽然说："这鸡肝板外形很像我们正在挖掘的石板棺呢！"而生性乐观开朗的许六一先生听完后，便爽朗地回答："那从此我的鸡肝板就命名为棺材板吧！"。因此，这个有点耸人听闻的名号"棺材板"便取代了鸡肝板的称号。有些店家为求吉利，将其改称为"官财板"。

台南棺材板（吴承谕 摄）

而由于形状和偏甜的口味都很特殊，使得棺材板一炮而红，遂成台南著名小吃之一，在沙卡里巴或赤崁楼附近皆有摊贩。

棺材板做法是：首先将厚片吐司炸到金黄色后捞起，中间挖空，放入以高汤煮熟的鸡肉、豌豆、胡萝卜和墨鱼等，再用些牛奶勾芡，再放上吐司的盖子，即成为美味可口的棺材板。而早期尚有鸡肝等素材，现在多已不再使用。花莲一地另有改良式的棺材板，内馅改为炒肉或其他蔬类。

（撰稿：吴承谕）

烧仙草

烧仙草的起源，跟苗栗的客家人有关，苗栗大部分是客家人，几百年前来自广东，而烧仙草的做法也出自广东的凉粉。

仙草属草本植物，叶型似薄荷，小巧翠绿，略带绒毛，具有降火气、解热、清血等功能。新竹关西由于气候温润适中，利于仙草生长，而成为主要的仙草产地，所种植的仙草面积虽非全台之冠，但产量却最多，质量也最好，而且香味浓厚、胶质含量高，各地做成烧仙草的原料几乎都来自此地。

将仙草晒干后拿来熬煮，便成为仙草茶，若添加太白粉（淀粉）使之凝结成仙草冻，更为炎夏消暑的圣品。据说以苗栗县九华山的仙草干最具特色，主要是把它切成小方块，再简单地加上糖水和碎冰，在夏天，一碗冰冰凉凉的仙草冻，的确能将五脏六腑的闷热都清除得一干二净。冬季热卖的烧仙草，则是趁其尚未凝固之际，加入红豆、花生等配料，热乎乎、浓稠稠，为寒冬中最好的甜品。而在仙草的故乡——关西，吃法不止这样，将其入菜炖汤，甘香爽口，迥异于一般口感咸重的客家菜肴，其中仙草鸡、仙草排骨汤口碑最佳，已成为关西代表性的菜肴之一。

（撰稿：吴承谕）

台湾烧仙草（吴承谕 摄）

筒仔米糕

筒仔米糕是常见于台湾地区各地的糯米类小吃，与油饭类似，却是在竹筒或铁罐中炊煮而成，口味浓郁。相传在苏东坡的《仇池笔记》中就已经有筒仔米糕的记载，但当时的名称为"盘游饭"。

制作筒仔米糕时，先将糯米与香菇、红葱头、酱油、盐、酒、油等一起炒香，然后再将切片卤蛋、肉片或是肉燥放入小筒子中，再放入炒过的糯米料，之后再蒸。等熟了之后，倒扣于盘上，淋上各地特色甜酱及香菜，就成了筒仔米糕。糯米料除了基本的香菇之外，也有人放入虾米、肉片等材料。而筒内的材料除了肉片、卤蛋外，也有人以莲子、咸蛋等替换，创造不同的口感与风味。

筒仔米糕在早期农业时代是以竹筒当成盛具，但后来多以小铁筒为主，现在台湾地区甚至有店家直接以一次性餐杯制作。虽然筒仔米糕与竹筒饭都以小竹筒当成盛具，但口感差异极大。

（撰稿：吴承谕）

筒仔米糕（吴承谕 摄）

卤肉饭

卤肉饭的起源，乃早年台湾社会买不起猪肉的贫穷人，向猪肉摊索取切肉块剩余的猪皮、肥油、肉屑，切碎后用酱油加油葱酥卤成一锅，只要淋些卤肉汁就非常下饭。

卤肉饭本是贫穷家庭的简单料理，但小吃摊店以此改良为美味的卤肉饭。北部"卤肉饭"与南部"肉燥饭"是有差别的，名称与外观及内容皆不同。肉燥饭的"肉燥"，也非台南担仔面以绞肉加鲜虾头熬煮而成的"肉燥"。卤肉饭的卤肉，一般兼具皮、脂、肉，传统是手切，有的切小块，有的切很碎。有人主张使用三层肉，切成可以看到皮、脂、肉的小条状，堪称上品。肉燥饭的肉燥，只有皮脂，几乎没有瘦肉，切成相对较大的小方块。台南肉燥饭特别选用猪背皮脂，闽南语称之"腻瓤""肉瓤"，价格相对便宜。此外，红葱头是卤肉饭的灵魂，但肉燥饭有的不加红葱头。台中则还有一种"肉角饭"，与肉燥饭相比，在皮脂之外加了肉块。

总之，不管卤肉饭或肉燥饭、肉角饭，也不管使用猪的什么部位，好吃的关键在于整体调出来的味道。看似简单，但各家有其秘方，才会有卤肉饭名店的诞生。

（撰稿：吴承谕）

台湾卤肉饭（吴承谕 摄）

鼎边锉

　　鼎边锉，相传为明末闯王李自成被官兵追至乡间时，向农家乞讨来果腹的"逃难点心"。其制作过程与春卷皮相似，不同的是，春卷皮是以面粉制成，鼎边锉是以米磨成粉调水成糊，沿火热的大锅边缘一抹而制成的薄皮，吃起来有点像粿仔条。取出切丝，再与以蚵仔、金针、木耳、笋丝、鱿鱼丝熬成的汤料同煮，便是一道风味独特的小吃。

　　传统的鼎边锉是福州小吃，常被福州人作为主食。鼎边锉名称源于其制作方法，鼎是"大口鼎"的意思，也就是闽南话中所说的"大鼎"和"大锅子"的意思。"锉"是指黏液爬滚的状态，也就是闽南话"游动""蠕动"的意思。把本地米磨成米浆沿着鼎边滚下，制成的东西就叫"鼎边锉"（以闽南语发音）。

　　日据时期就来台湾的福州人邢宋林在台北、台中等地卖过家乡小吃鼎边锉，最后来到基隆庙口。后来，邢宋林之弟邢双林接下生意，现由邢双林之妻邢陈秀兰及儿子邢金胜主持，算算已来到第三代。

（撰稿：吴承谕）

鼎边锉（陈子发 摄）

宜兰红糟

红糟是以红曲和糯米经由发酵作用所酿造的产品，拥有天然红色色泽跟独特香味。《本草纲目》中记载红曲具有活血的功效，元朝《饮膳正要》中认为：红曲可以健脾、益气、温中。台湾地区民间还流传说红曲可以用来改善小孩和老人轻微气喘。另外根据有关研究报告，红曲可降低血脂、血糖，并可强化肝脏功能，增进免疫力，对降低胆固醇、避免高血压很有帮助。

宜兰酒厂红糟特多，由红糟腌制的红糟鱿鱼、红糟肉和红糟香肠最受人喜爱，这是宜兰特产。庙口红糟鱿鱼由庄锡铭先生于 1968 年独创，使用宜兰红糟再搭配十多种独创秘方，先用烧烤的方式，后来改良用油炸的方式，更能掌控鱿鱼的口感及缩短顾客等待的时间。

（撰稿：吴承谕）

宜兰红糟鱿鱼（吴承谕 摄）

北斗肉圆

相传肉圆是北斗地区范万居所创，当时台湾发生严重水灾，范万居将地瓜浸湿，揉成团状，加上花菜，再做成粿仔的形状，煮熟给灾民食用，这是北斗肉圆的雏形。

到第二代范妈意，把肉加进粿仔里，用手把粿仔从碗里挖出来、捏成形，于是肉圆上可以清楚看到手指的痕迹，手指头的形状也就成了北斗肉圆的特色。传到了第三代范龙生，用地瓜粉跟米浆做皮，把高丽菜改成竹笋，包上赤肉做馅，奠定了北斗肉圆最后的模板。

鼎盛时期，北斗有20多家肉圆店，几乎都师出范家。北斗与彰化的肉圆都是甘薯粉制成、蒸熟后再中温油炸，但外观与内馅不同。彰化以圆形肉圆包裹绞肉与香菇为主，北斗肉圆呈较小颗，以手捏方式呈番薯形状，内馅以绞肉与竹笋为主。北斗肉圆后来又流传到台湾地区各地，也因地制宜选用不同食材与做法。

（撰稿：吴承谕）

乌龙茶

台湾地区乌龙茶以轻度发酵、团揉方式制成，外形呈现卷曲的球状，茶汤呈金黄色，味道醇厚，有强烈果实香，又称半球型包种茶，属于青茶的一种，以南投鹿谷地区所产的冻顶乌龙茶起源最早。

与大陆的分类方法不同，在台湾地区的乌龙茶专指用"乌龙茶种，并以乌龙茶方式加工"的茶种。制作乌龙茶必须使用"青心乌龙"品种，始被认同为正统乌龙茶。也有使用金萱、翠玉、四季春或其他品种来制作的乌龙茶，这些皆被视为新近研发的茶类，有别于正统的乌龙茶。

台湾地区乌龙茶与大陆青茶迥异之处，尚有一重点是后者在凋萎后还以摇青、作青程序补充初步发酵，前者则通常在萎凋后即进行炒青，炒青是一道兼具促进发酵与停止发酵的细致手工，成败全凭炒茶师父的经验与天时地利人和。

（撰稿：吴承谕）

高山茶

台湾高山茶，在台湾地区简称高山茶，指的是以海拔 1000 米以上茶园所产制的茶叶，所以"高山茶"并非专指某地生产的茶叶，而仅是与"平地茶"相对的一个概念名词。高山茶的名称源自梨山果农陈金地，陈金地由南投鹿谷冻顶山引进茶苗，在海拔 2500 米山区种茶制茶，制出的茶初期出售不知如何命名，因其茶都种于高山，于是冠以"高山茶"之名，之后渐被广泛用以指称高海拔或 1000 米以上山区制出来的茶。

高山上凉冷，早晚云雾缭绕，平均日照短，故所产茶叶所含儿茶素等苦涩成分降低，且茶叶柔软，叶肉厚，果胶质含量高，故色泽翠绿鲜活、滋味甘醇、香气淡郁、耐冲泡。因为较注重"原味"的要求，茶叶发酵程度较轻，带动"重萎凋，轻发酵"的风潮。

台湾地区的高山分布极广，生产高山茶的地区亦多，不过仍以嘉义县与南投县境内海拔 1000—1400 米的新兴茶区为主，其中以阿里山茶、杉林溪龙凤谷茶、梨山茶为代表。主要以乌龙茶为主，又称高山乌龙茶，又有金萱、包种、铁观音、普洱等品种。

（撰稿：吴承谕）

日月潭红茶

日月潭红茶，因产于南投鱼池乡日月潭风景区周围而得名。鱼池乡种植红茶的渊源，是 1925 年自印度引进的阿萨姆茶品种，与台湾地区野生山茶配种，1936 年在猫囒山山区（日月潭附近）设红茶试验支所。

1954 至 1984 年之间，可说是红茶贸易鼎盛时期。1985 年后，台湾地区采茶、制茶人工成本增加，不敌印度、泰国、缅甸等地的便宜红茶，茶农难以维生，改种起槟榔。2002 年后，鱼池乡实施产业振兴，终使鱼池红茶继续在台湾茶业史上绽放光芒。

日月潭红茶（陈子发 摄）

代茶农及研究单位不断改良及品种选育，才造就出名闻遐迩的日月潭红茶。日月潭红茶是以手工采摘一心二叶大叶种茶叶（茶菁），制成条形茶（茶干），以和高山茶的球形茶区别开。鱼池乡农会的红茶有四个品系：红玉、阿萨姆、红韵、藏芽，香气滋味各有特色。

（撰稿：吴承谕）

蜜香茶

蜜香茶是台湾地区近几年才创制出来的新优质好茶，是茶业改良场台东分场历经多年研发出的结晶，全世界只有台湾地区产制。

蜜香茶最大特色就是具有淡淡的蜜香风味，这种蜜香纯粹是天然生成，优雅细腻令人百喝不厌。蜜香茶可说是东方美人茶（膨风茶）之延伸，目前衍生出来的有贵妃茶、蜜香绿茶、蜜香红茶、蜜香乌龙茶及蜜香红乌龙等新兴茶类，已逐渐受到消费者的重视与喜爱。这一系列茶，由于茶菁原料皆须受小绿叶蝉吸食，因此为维持环境生态平衡，茶园以不喷或少喷农药为其特色，带有明显之蜜香（或称蜒仔气）风味更为其主要特征。

蜜香茶（吴承谕 摄）

台东分场自 2000 年起即开始尝试研制各种不同发酵程度之蜜香茶系列产品，包括蜜香绿茶、乌龙茶、红茶、白茶和红乌龙等。其中典雅秀丽的"蜜香红茶"推广最为成功，已成为花莲舞鹤茶区之代表茶类，舞鹤也被消费者誉为"蜜香红茶的故乡"。舞鹤蜜香红茶能推广成功，标榜"可遇不可求的茶类"是特色，风味带有天然的蜂蜜香味是关键，加上严格的质量分级制度，不分季节统一售价，有别于其他茶区蜜香红茶产销模式。

（撰稿：吴承谕）

包种茶

包种茶是一种半发酵茶，发酵程度约为 8%—12%，因制成的茶用纸包起来贩售而得名，春、夏、秋、冬四季皆可采收，以春、冬茶质量最好。

根据茶业专家林馥泉引用日本人井上房邦调查报告说法，包种茶是福建省泉州府安溪县人王义程所创制并传授制法。茶叶制成后，用方纸二张、内外相衬，放茶四两，包成长方之四方包，包外盖以茶名及唛头印章，称之为"包种"，或运往福州加窨香花出售，或经由厦门直接运销南洋。

台湾地区本地包种茶是 1881 年福建同安县茶商吴福老（源隆号）仿福建的制法开始制造，到 1896 年大稻埕共有英元号、合兴号、永裕号、震南号、永绵利号、福建昌号、锦芳号、恭记号、芳成号、珍记号、福集兴号、永顺号、珍春号、广盛隆号、泉美号、建泰号等 16 家包种茶商。

1921 年台北南港大坑的王水锦及弟子魏静时发明清香包种茶制造法，后由平镇茶业试验所（今茶业改良场）推广，该茶深受当时南洋（东南亚）上流社会喜爱。1935 年王孝谨在台北大稻埕设厂精制包种茶销往南洋，其中一款畅销唛头就是"南港包种茶"。

包种茶的泡法是：首先置茶量约壶的 3/4，其次以 95℃沸水泡，静置时间第一泡约一分半，第二泡起每泡累加 20 秒。包种茶含有丰富的健康养生成分，常喝不仅可以强心、利尿、消除疲劳，还能解除尼古丁及酒精中毒，同时还有消除血脂、防止血管硬化的神奇功效。

（撰稿：吴承谕）

包种茶（吴承谕 摄）

东方美人茶

东方美人茶为重度发酵的部分发酵茶，有许多别称，如"白毫乌龙茶、膨（椪）风茶、五色茶、香槟乌龙、番庄乌龙"等，其起源可能源于日据时期的客家庄。

东方美人是台湾地区本土研制且独有的特色茶类，其品种以"青心大冇"为主，特别的是茶菁需采自受茶小绿叶蝉刺吸（着蜒）的幼嫩茶芽，经重萎凋、重搅拌，在炒菁后需用湿布巾置入竹篓或铁桶内闷置回润或称"回软"的二度发酵程序，才能揉捻成型，成茶外观白绿黄红褐相间，犹如花朵，高级者更带白毫，茶汤水色呈橙红色，犹如琥珀一般，具天然的蜜糖香或熟果香，滋味圆柔醇厚，西方饮茶人士誉之为东方美人。东方美人茶独特的熟果香和蜂蜜香气来自小绿叶蝉的叮咬而产生，因而茶园若要吸引小绿叶蝉群聚，就绝对不能喷洒任何杀虫农药。

台湾主要有桃园市、新竹县、苗栗县及新北市坪林、石碇等东方美人茶产区，包装上的名称各地皆不同。产于新竹县北埔乡，名"膨风茶"或"椪风茶"；产于新竹县峨眉乡，名"东方美人茶"；产于苗栗县头份、铜锣、头屋、三湾，则沿用旧称"番庄乌龙"；石碇地区以"石碇美人茶"或"文山椪风茶"作为对外推广的名称；坪林产区自古则称为"红茶"。茶种方面，桃园、新竹及苗栗产区以"青心大冇"为主要生产茶种，坪林、石碇则以"青心乌龙"为主，辅以少量的"白毛猴"。

东方美人茶热冲泡以瓷壶较佳，水温不宜过高，80—95℃为宜。冷冲泡以10克茶叶泡600毫升常温水，冷藏8至12小时后可饮用。

（撰稿：吴承谕）

东方美人茶（陈陆合 提供）

台中太阳饼

太阳饼原本是台中人的地方小茶点，原型为酥饼，由魏清海师傅加以改良而成，1953年林绍崧与林何秀眉夫妇创办太阳堂，将这种改良的新型麦芽饼命名为太阳饼。太阳饼名称并未注册商标，以致后来同业店家皆可使用此名。

太阳饼的形状近似圆形，早期制作得比较大，一般食用前多会平均分成四块，近年来则有较小的太阳饼出现，以方便拿取食用。其包装外盒也颇具特色，最早是由台南画家颜水龙所设计的向日葵图案构成。

太阳饼内馅麦芽糖味道清甜，多半为配浓茶之茶点，饼皮酥而易碎，食用时容易掉落饼屑，故有不少人会置饼于碗内，冲泡热开水，呈粥样食用。各家饼店如一福堂饼店、太阳堂老店、阿明师老店、魏清海太阳饼老店、九个太阳、嘉味轩等，都讲究纯手工制造，皮薄、酥香、馅软，饼皮百多层，品尝时入口即化，馅软而不黏牙，就是一块上等的"台中太阳饼"，各家的不同只是冠上自家品牌。

（撰稿：吴承谕）

宜兰牛舌饼

宜兰小吃牛舌饼的由来有两种说法，一是牛舌饼本是老北京的传统点心之一，早期小孩出生满四个月，父母必遵古礼将此饼穿孔挂于小孩胸前宴请来访亲友，借此保佑小孩长大聪明伶俐，因饼的形状类似牛舌，命名为牛舌饼。二是清同治年间，原制作传统汉饼为主的"长房老元香"创办人无意中研发风味独特的牛舌饼，意外大受欢迎，牛舌饼也成为老元香与宜兰的特产。

牛舌饼做法是：首先将馅料中的熟面粉筑粉墙，中间放入糖粉、麦芽糖

（可以加点蜂蜜提升风味），用手抓拉成粉丝。然后再将融化的猪油或奶油与水加入前面佐料中拌匀成团，分割为 30 等份备用。最后将所有油皮材料一起拌匀，再揉成光滑不黏手的面团，盖上塑料袋静置约 30 分钟，再分成 30 等份（皮与馅的软硬度必须一致，软硬度大约和耳垂一样）。并在表面轻划一刀后烤制而成，淡淡的糖蜜滋味，甜而不腻，香脆好入口，实不愧为宜兰的名饼。现今的宜兰牛舌饼更加精致，材料有用海藻糖、天然奶油等不同口味，更加健康美味，尤其 0.1 厘米超薄的特色，使其成为世界上最薄的手工饼之一，是广受欢迎的台湾旅游伴手礼。

（撰稿：吴承谕）

宜兰牛舌饼（吴承谕 摄）

花莲麻糬

麻糬，台湾花莲阿美人称之为"杜仑"，系庆典或节日才吃得到的名贵点心。过去据说阿美人老婆需精心制作杜仑，让老公出海捕鱼期间带着食用。这类传说突显了杜仑所包含的贴心及情义，也引起花莲人研究发展的兴趣。

　　早期杜仑的制作相当简单，到了 1945 年经过花莲人"阿发师"加以改进，使它口感更加独特，馅料更加丰富。麻糬系列原料之一红粟米产于花莲县光复乡，又如花莲薯、花莲芋等原料，无一不是取自东部地区之农特产品。游客来到花莲，总不忘买些麻糬回去馈赠亲友，于是一传十、十传百传出好口碑，如今麻糬已是花莲代表性名产之一。

　　1948 年，曾水港老先生开始骑着脚踏车，拉着手工制作的红豆客家麻糬，在花莲市大街小巷吆喝贩卖。曾老先生的麻糬全部由糯米磨制，内馅材料扎实，口感绝佳，逐渐受到花莲人喜爱。1987 年，因为台湾经济不景气，原本为大理石工的女婿董晟洲决定与妻子曾惠娟一起卖麻糬，跟曾老先生一样从推脚踏车叫卖开始，到后来自己开店面，打响"曾"字号麻糬的名声，并让曾记麻糬成功企业化，成为花莲当地著名美食。

（撰稿：吴承谕）

花莲麻糬（吴承谕 摄）

古坑咖啡

古坑咖啡原产于台湾地区云林县古坑乡华山地区。正值北回归线上的古坑，日照和雨量均十分充沛，不管气候、土质或排水都相当适合种植咖啡，因此成为台湾地区少数可生产咖啡的地方，被誉为"台湾咖啡的原乡"，所产台湾原生种的咖啡甘甜香浓又不苦涩。

古坑咖啡属于阿拉比卡种，烘焙、萃取的方法与时间与其他盛产咖啡产地不同，具有特殊风味。据《云林县志稿》记载，古坑咖啡最早可追溯到荷据时期，距今已有近四百年的历史。日据时期，台湾从巴西引进咖啡豆之后，选择台东、花莲瑞穗、高雄、云林古坑与南投惠荪林场为试种农地，最后发现云林古坑的质量最好。古坑的咖啡树主要种植在华山、荷苞山一带，约在每年三四月开花，九月到十月间为咖啡果的采收期，成熟的咖啡果实色泽呈鲜红色，是核果的一种。这种咖啡果实的甜度很高，和加工处理后苦涩的味道完全不一样。冲泡后的古坑咖啡有浓烈的香气，口感温淳略带酸涩，

古坑咖啡（吴承谕 摄）

入喉后却像茶一样回甘带有参味，不同于一般黑咖啡的厚重，古坑咖啡有它独特的温柔、朴实。

（撰稿：吴承谕）

中医中药

江西

樟树樟帮

"樟帮"中医药文化是指以樟树(今江西樟树市)地方文化和中医药为背景,樟树药帮历代医药家在医药实践中所形成的医药品德、治学方式、学术思想、临证经验、炮制技术等非物质文化和樟树中医药物质文化的总和。

东汉时期,药祖葛玄在樟树阁皂山洗药炼丹,行医售药,开创了樟帮药业的先河,南宋时,著名药师侯逢丙来樟树加工药材,开店经营,奠定了樟帮药业的基础,至明代逐渐形成完整的樟帮药业发展体系。清嘉庆年间,樟树药商与新余、新干、峡江、丰城四县药商结成樟树药帮,与京帮、川帮并称为全国三大药帮。道光初年,樟树有药材行、栈、号、店200余家,成为"南北川广药材之总汇",由于各地药材云集樟树,樟树药材应有尽有,有"药不到樟树不齐,药不过樟树不灵"之说。樟树药帮的先贤通过千百年的努力,形成了樟树药俗,包括药材交易风俗、中药炮制技术风俗、药膳、药业信仰等,尤其在中药材加工炮制技术方面独具一格,具有鲜明的地方特色,樟树现已成为海内外药界同仁认可的中国药都。

樟帮的中药炮制,提倡"制虽繁,不惜工",一丝不苟,其精湛工艺切制的中药饮片因"薄如纸、吹得起、断面齐、造型美"而久负盛名,这都归功于樟帮的"刀"功。樟帮的刀具以铡刀、片刀、刮刀为主,尤其是片刀、铡刀面小口薄,轻便锋利,被称为"樟刀","樟刀"有着"老君炉中纯火青,炼就樟刀叶片轻,锋利好比鸳鸯剑,飞动如飞饮片精"的赞誉。如可将1寸长的白芍切成360片,片片薄如蝉翼,临风欲扬,被药界同行誉为"鬼斧神工、不类凡品","槟榔不见边,白芍飞上天"是樟帮药材切制中让当今世人眼前为之一亮的绝活。

樟帮独特的炮制技术也闻名遐迩，如中洲枳壳在李时珍的《本草纲目》和现代《中药大辞典》中均有记载。其特殊发酵工艺炮制的枳壳皮青、肉厚、色白、香味浓、果囊小、质量好、疗效高，而成为枳壳中之上品。其他经过精细加工与包装后的地产中药材也都因其加工方法独特、疗效显著而大受欢迎，产品畅销全国，并出口欧美等国。在降低饮片毒副作用方面，樟帮也有独特的炮制技艺，如樟帮尿制钱子（制伏水）、临江片（樟树古称临江，即将附子以姜做辅料，采用特殊蒸制法炮制）等，经炮制后毒性降低的同时提高饮片疗效，确保了高效低毒饮片的临床应用。

　　樟帮以信誉为重，讲究"公平交易、远近无欺；如有瞒秤、吃价，永世不昌"。新中国成立后，樟树药业加进新内容，以技术创新和设备改进为重要手段，将传统樟帮加工技术与现代科技结合起来，继续谱写"药不到樟树不齐，药不过樟树不灵"的辉煌。

（撰稿：陈星）

樟树樟帮（李永谦 摄）

南城建昌帮

建昌帮发祥于建昌府（今江西省抚州市南城县），因地得名"建昌帮"。建昌帮以擅长传统饮片加工炮制、药材集散交易著称，在我国中药界具有"药不过樟树不灵（齐），药不过建昌不行"的盛誉。

建昌帮源于东晋，兴于宋元，于明清鼎盛时成帮。《道光南城县志》记载东晋著名医药学家葛洪见天下大乱，前往南城麻姑山避免战祸，并于此采药、炼丹、传医、治病，撰成《抱朴子内篇》《太清神仙服食经》《玉函煎方》和《肘后救卒方》等医药学著作。宋代在南城设立"建昌军药局"，推行《太平惠民和剂局方》中的膏丹丸散，提倡成方规范，依法炮制，使南城药材集散交易兴隆，并成为当时全国著名的药材集散地，当时就有"无建不成材""药不过建昌不行"之誉。明清时期，南城名医迭出，医学的兴盛更促进了建昌药业的发展。此外，官府机构大力开办各种医药学堂传医授道和加强建昌药业与外地的药材贸易，使建昌药业蒸蒸日上，发展迅速。经过明清两朝的发展，建昌药业在中药饮片集散经销和加工炮制方面逐渐形成了自身的特色，在最鼎盛的清乾隆时期，为保护炮制技术和扩大饮片贸易规模，形成了建昌帮，其繁荣一直持续到民国初期。

建昌帮炮制工具齐全，有数十种之多，包括药材切刨工具（建刀、雷公刨），筛分工具（药筛、罗），浸润药材工具（木桶、缸、篓等），蒸药工具（甑、笼等），炆药工具（常用坛），粉碎工具（碾槽、石臼、钵等），熏制工具（熏橱等），干燥工具（烘箱、烘笼等）及其他工具（枳壳夹、枳壳榨、槟榔桦等）。

建昌帮炮制所用辅料具有选料独特、遵古道地且制料方法讲究和一物多用的特点。建昌帮特色辅料中，糠最具特色。以糠作辅料历史悠久，东晋时期葛洪就采用糠炆法炮制天仙藤。糠在建昌帮炮制中用途多，包括火制燃料（如糠炆、糠煨、糠煅），炒炙辅料（如糠炒、蜜糠炙），吸湿辅料和净选辅料等。建昌帮蜜糠作辅料炙药在全国独具特色，蜜糠炙后的饮片色香味俱佳，颜色鲜艳，为药界所称道，代表性饮片有蜜炙桑白皮、蜜炙甘草等。

建昌帮擅长药材加工炮制，因"药食同源"，其工艺大多取法烹饪，严守净选、切制、炮制三关质量，遵循"炮制虽繁，必不得省工夫；辅料虽贵，必不得短斤两"的炮制原则。炮制方法分为火制（炙、炒、煨和煅），水火共制（炆、煮、蒸、淬和熬）及其他方法（曲、霜、芽和复制法），即建昌帮炮炙十三法，其中炙、炒、煨、蒸和炆五法最具特色。炙制分为蜜炙和羊脂炙，炒制分为清炒和加辅料炒。煨制与其他药帮方法不同，建昌帮煨制是药材与谷糠隔以纸、鲜姜片等物，点燃谷糠煨制。蒸制分为清蒸和加辅料（如酒、醋、药汁等）蒸。炆制取法食品烹饪中的煨煮法，用具为陶器，主要用于滋补类药材的炮制。

建昌帮炮制善用水火，用水讲究区分水性，有"夏水煞、冬水善"之说，判断润药软硬程度有"看水头"之说；用火讲究把控火候，如煨法和炙法常用文火，使炮制后的饮片纯真味厚，快炒常用武火，使炮制后的饮片浓香四溢、色泽鲜艳。

为抢救性发掘建昌帮传统技艺，南城县政府组织药学专家整理编辑了《建昌帮中药传统炮制法》和《中药记》等珍贵著作，1993 年建昌帮中药饮片厂成功获批"中华老字号"企业，2008 年建昌帮药业被列为省级非物质文化遗产。

（撰稿：陈星）

道医

道医，是以道教长生思想为基本理论，由教内宫观道士、教外道家学者以医弘教、以医传道、以医济世为手段而自然演化出的一支医学流派。

医道同源，道医学是中国中医学的源头，其核心内容是将中国传统文化中的易、道、医并举，倡导人类要用中国道家"道法自然"规律的思想，

"天人合一"的生活方式来进行养生、康复。道医的内容十分丰富，以现代中医学为参照，将道医区分为三个不同层面：第一层面，形治部分，道医在治病防疾过程中，善于运用传统医学本草汤液、方剂（各种丸散膏）及针灸手段，这与中医学内容大致相同。第二层面，养生部分，包括导引、调息、内丹、辟谷、内视、房中等项，是道医学最具有特色的部分。第三层面，神治部分，其内容包括道、德、符、占、签、咒、斋、祭祀、祈祷等，这一部分与人的信仰、品德、民间疗法有很密切的关系，包括在戒律、伦理和他力的范围之内。

自古有"十道九医"的说法。东汉末年，张道陵祖师立道教之后，为了更好地传播道教和普度众生，很多精通医术的道教徒都一边传道，一边悬壶济世，既传播了道教的理念，又救了很多人。中国古代的大医学家如医圣张仲景、药王孙思邈、神医扁鹊、药圣李时珍、抱朴子葛洪等，都是道医。

葛洪 (284—364) 为东晋道教学者、著名炼丹家、医药学家，字稚川，自号抱朴子，丹阳郡句容 (今江苏句容县) 人，三国方士葛玄之侄孙，世称小仙翁。他曾受封为关内侯，晚年隐居罗浮山炼丹而终。葛洪的中医药学著作《肘后备急方》，为中国药学家屠呦呦提供研究灵感，帮助她创制新型抗疟药青蒿素，为解决治疗预防疟疾这一世界医学难题做出贡献。屠呦呦也因此获得 2015 年诺贝尔生理学或医学奖，从而使道教医学的实践与成果得以发扬光大、辉煌世界。

德兴妙元观是江西千年道医文化的发祥地。据旧志记载，葛洪于升平年间（357—361）在德兴妙元观"开山结室、凿井炼丹"，而后又在德兴境东的三清山玉京峰下三清宫旁安身，一面炼丹，一面著书立说。他在德兴留下了许多验方，用松节油治疗关节炎，用覆盆子补肾缩尿等，均得益于葛洪传授的验方。

葛洪在德兴妙元观和德兴境内的长期活动，开启了江西千年道医文化历史。受葛洪影响，德兴道医文化积淀深厚，道士和僧人中名医辈出。元代长居院僧普映精医术，元武宗取为太医，至治三年（1323）皇后得病，烧香院僧拳衡献药有功，赐号忠顺药师，领五省采药使。由于独有的地缘优势，德兴后又成为新安医学、衢江医学与江西道医文化的交融之所。南宋以来，朱子理学熏陶，德兴道医渐渐沁透出新儒学与医学缔姻的芬芳。到明清时期，明代张宗煊精医术，邹士绮精方脉。清代余逢源著有《脉诀全书》传世，董承谦有"扁鹊"之称，所治多险症。余文佩有"一时救三命"的佳话，平生集有《医学秘诀》及《临症按脉》等书。民国时期，张村笪道腴擅长中医妇科；新营舒而安曾在苏州开设国医馆，擅长中医内科；银城袁祖祥擅长中医外科。他们都在浙赣两省交界区域享有盛名，其医术至今仍"薪尽火传"。

（撰稿：陈星）

台湾

针灸类

针灸是中国人的重要医学成就，台湾地区本土也有独特的取穴扎针医术。中医针灸讲求薪传，门派耸立，各有千秋，台湾地区针灸可分四大脉络，以下分别简单说明：

1. 董氏奇穴

董氏奇穴为董景昌先生（1916—1975）家传的针灸法，原为代代单传的针法，至董景昌先生入台后始传授弟子。这一派在台湾地区流传最广，现时有正式的学术交流到大陆，董先生弟子杨维杰编著《董氏奇穴针灸发挥》的简体字版已在大陆发行。董景昌先生原籍山东，本身随军入台。凭着其别树一帜的针法，疗效强，迥异于一般采用十四经针法，自成一套经络思维方法。董景昌先生常用十四经穴位与董氏奇穴配合使用，对十四经经穴治法亦有突出贡献。其他疗法如董氏掌诊、刺络法（放血）、解穴、八种对应法的应用……

2. 古法针灸

第一代的代表人物为孙培荣先生，亦是从大陆迁到台湾地区，在当时已很有名气，并广收弟子；第二代的代表人物有武仲瑛及周左宇两位先生；第三代的代表人物是李相谅先生，其后如刘朝贵医师与郭典颖医师皆师承于第三代。

此脉络用针独到，特点是完全不用任何药物，传承有自己的手法。本脉络资料有由武仲瑛先生编纂的《图解针灸实效歌诀》《针灸治疗灵验病例》，为武仲瑛先生跟随孙培荣先生学习时的材料整理。另有由周左宇先生结合个人经验所出版的书籍《针灸断病法则》《铁灸配穴思路》《扁鹊铺灸治疗法则》等。

3. 飞经走气针灸

代表人物为修养斋先生，原籍河北，据其著作《修氏针灸全书》自序中所说，从王锡绂老师学习中医经典内、难二经及伤寒论，之后再跟从康滋赓老师学习针灸（康老师的针灸学自苑春英老师）。本脉络特重取穴与补泻，因本脉络针治病患强调得气和能控制气的走向，故外间称其为飞经走气针灸。本脉络第二代代表人物为钟永祥先生，曾透露要达到针刺后病人自觉气能串走，施术者要练丹田气，自有其传承方法。

4. 华佗盘龙针灸

这一代的代表人物为王运安先生（十九代），单传至二十代赵再生。本脉络特点是手制针，名之盘龙针，有本身的手法。用蟒针透刺华陀夹脊穴，效果每每气至病所，患者热症感凉，寒症觉热后拔针，手法重补。针后三日亦觉触电感，可想而知其针效之强。

（撰稿：吴承谕）

台北大稻埕中药集散地

台北中药集散地大稻埕，就地理位置而言，对照今日的范围，大约指民权西路以南、忠孝西路以北、重庆北路以东、西临淡水河，属今台北市大同区境内。大稻埕在清代中期以前，由于有大片晒稻谷用的空地（稻埕）而得名。台北市拥有历史悠久的中药文化，其中又以大稻埕地区独占鳌头，为全台湾地区最大的中药批发地。自清朝开港（1860）以来，药材通过杂货商带进台湾地区，主要集中在迪化街。早在日据时期，迪化街已是台湾地区北部最主要的中药材批发中心，聚集超过 200 间的中药行。民乐街一带，则聚集了许多青草药店，如滋生青草店、姚德和青草号、正发青草铺皆有百年历史，所以民乐街也称为青草巷，整条街飘散着青草的清香。人们买中药就会想到迪化街，各式各样的中药材应有尽有，因此这个地区形成了特殊的产业文化。历经时代更迭，中药材依旧飘香，甚至更胜以往。

（撰稿：吴承谕）

建筑装饰

民俗文化

江 西

赣南客家围屋

　　客家文化是中华文化瑰宝，在赣州这片红色圣地上孕育而成。赣南客家围屋则是客家文化的重要物质载体，主要分布在龙南县、定南县、全南县（地方习称"三南"）等地区，龙南县最具代表性，至今仍保存着 500 余座。因赣南客家围屋具有形态多样、构造精致、防御突出等营造技艺特点，与北京"四合院"、陕西"窑洞"、广西"杆栏式"、云南"一颗印"统称为中国传统民居的五大建筑样式。

　　在璀璨历史长河画卷上，赣南客家围屋绘下了浓墨重彩的一笔。据记载，两晋至唐宋时期，因战乱饥荒等原因，中原汉人被迫南迁，当地官员将其登记为"客籍"，因而便有了"客家人"的称谓。为了防盗、防匪患、防野兽袭击等，客家人聚族抱团、围屋而居，客家围屋由此诞生，至今仍是我国建筑史上不可替代的代表性作品。

　　赣南地区"南抚百越，北望中州，据五岭之要冲，扼百粤之咽喉"（赖建青《赣州赋》）。因此，特殊的历史、地理和文化环境使赣南客家围屋的建筑设计别具特色。围屋拐角处凸出，屋顶瓦面设炮楼，墙基宽大厚实，外墙用火砖或者条石砌成，炮楼内侧设计上窄下宽的射口，包有铁皮的两三重围门，围内建有备荒的暗井，围外环屋设壕沟。这使得赣南客家围屋十分坚固，防撬防挖，足以抵挡外来侵略。

　　赣南客家围屋之所以具有高度的防御性，离不开独有的营造技艺：一是在建筑工艺上，多采用三合土（石灰、黄泥、沙石）夯筑，墙体用土配方中加入精确比例的红糖、蛋清、糯米饭，做泥要经充分翻锄发酵，并采用"金包银"砌筑；二是在建造形式上，形态多元化，以国字形、口字形、回字形

赣南客家围屋关西新围（刘新文 摄）

等方形围屋为主，辅以少量圆形、前方后圆形等异形围屋；三是在建筑选址上，多位于盆地中央，高度以 2 层、3 层居多，面积从 200 余平方米的猫柜围到 1 万多平方米的关西新围。

作为赣南客家围屋的典型代表，关西新围集建筑美学、实用学之大成，具有极高的民俗研究价值。关西新围建于清嘉庆年间，距今已有 200 多年历史，是当地名绅徐名钧所建。徐氏同姓聚族而居，围屋建筑壁垒森严，集住宅、城堡、祠堂、议事厅、中心广场（跑马坪）于一体，足不出户便基本能满足所有生活需求。关西新围的功能之齐全，气势之宏伟，为世界所罕见。如今关西新围不仅是国家 4A 级旅游景区，还是全国重点文物保护单位。

赣南客家围屋内的社会群体，本质上形成了一种基于地缘关系的乡土社会，并催生了独具地域特色的婚姻、饮食和祭祖等民俗习惯。如围屋人的婚姻习俗基本保留了古代中原的"六礼"遗风，包括相亲、订婚、报期、担席、请"暖轿酒"、于归等程序。又如在立夏时，围屋人有着"立夏立夏，天光吃到夜"的民间说法，在这一天，他们习惯早起吃蛋，中午吃艾粄，晚上喝酒吃肉。这些习俗不仅折射出客家围屋人淳朴的民风，也为研究客家民俗文化的历史演变提供了宝贵依据。

（撰稿：熊子薇）

瑞金客家祠堂

坐落在赣州瑞金市的一座座古老而神秘的客家祠堂，是客家人的情感纽带和精神寄托。由于客家族群中既有先客，又有后客，既有向外播迁者，又有自外回迁者，故客家祠堂打上了客家先民历次南迁和闽粤客家人回迁的烙印。

瑞金客家人极为重视宗族礼仪，客家祠堂数量多达上千座，成为当地亮丽的风景线。像九堡密溪这样一个 3000 多人的古村就排布着大大小小 36 座祠堂，村中央还保留着并排的"五祠朝南"奇观。在外形上，客家祠堂飞檐翘壁，青砖灰瓦，风火墙高峻突兀，气势雄伟壮观，是祭祀先祖、凝聚宗族人心的重要场所。

瑞金客家祠堂可追溯至宋元时期。在古代，祭祀祖先虽然是天经地义的事，但设立宗庙祭祖只是君王贵族的特权，庶民无权建立宗庙。直至宋朝，由于庶族地主经济的快速发展，势力不断扩大，再加上张载、程颐和朱熹等理学家大力提倡祭祖敬宗收族、重建宗族制度等，祠堂由此开始在民间出现。到了元朝，客家民系逐渐形成，客家人口大量增加，祠堂在民间得到进一步发展，但数量仍较少。在明朝时期，统治者对祭祖礼制有所放松，同时客家民系无论在规模还是财力上都有较大增长，为客家人修建祠堂奠定了经济支撑，客家祠堂在此时步入繁荣发展时期，在清朝更是达到了鼎盛，呈现出"族必有祠"的宗族盛景。

有客必有祠，有祠必有匾。在被称为"客家摇篮"的赣南地区，挂匾习俗也随着客家宗祠一直沿袭传承下来，与祠堂建筑相得益彰。尤其是赣州市全南县，自建县以来（北宋太平兴国七年，公元 982 年）便有悬挂匾额的习俗。每个村落规模不同的姓氏宗祠、族祠里，都会悬挂匾额。经过历代民间乡绅的共同努力，匾额习俗遂被赋予治理和教化功能。

在外观设计上，客家匾额分为堂匾、功德匾、寿匾三大类。堂匾一般体型较大，以长方形居多，字体亦较粗，匾饰相对简单，主要突出"某某堂"的标识功能。功德匾和寿匾的大小一般相同，多为长方形，是书法、图案、印、雕、色等多种艺术形式的结合。会昌县"百匾堂"收集了赣南客家有代表性的民间匾额130多方，由明清时期的名人、朝廷大臣、进士、举人、历任会昌知县等人物亲自题写。匾额的内容则大致可以分为"祠宇府第""科举教泽""功德名望""慈贤孝节"和"福禄寿庆"五类。此外，挂匾仪式是客家匾额文化中的重要环节，必须按照既定的民俗仪式进行，包括资格规定、申请、定匾、游匾、祭匾、揭匾、挂匾、办酒席等一套系统化程序。

无论是祠堂还是匾额，都是赣南人智慧的结晶，是建筑工艺史上的亮点篇章，对于研究探索客家民俗文化、规范乡风建设、推动两岸文化交流均可发挥重要作用。

（撰稿：熊子薇）

客家门匾"彪炳文光"（李伏学 摄）

乐平古戏台

"南临乐安江，北接平林。"景德镇乐平市因此得名。古戏台营造技艺是一项流传于乐平市的传统技艺，乐平市素来享有"中国古戏台之乡"的美誉，现存明清以来的古戏台 500 余座，是目前国内古戏台保存最多、最完好的县级市，堪称"中国古戏台博物馆"。在乐平市，戏曲是当地居民世代相传的娱乐方式，民众爱戏如痴，并流传着这样的俚语："三天不看戏，肚子就胀气。十天不看戏，做功夫没力气。一个月不看戏，见谁都有气。"可见，戏剧与当地居民日常生活融为一体，成了不可或缺的一部分。

作为乐平市的文化地标，乐平古戏台从明清时期延续至今。乐平有记载的古戏台最早见于明代，明代地方宗族"联宗立庙"，并于庙堂中附建戏台，称祠堂台。清嘉庆、道光年间，乐平戏台开始从祠堂中独立，出现了双面台和万年台。晚清民国时期，仍兴建不辍。

乐平传统戏台营造技艺的长期延续，与乐平的经济、人文历史背景以及氏族血缘传统密不可分。自唐以来，乐平极少罹患战乱，当地百姓因而得以休养生息，为戏台营造提供了良好基础。乐平自元代便盛行杂剧，明代由弋阳腔衍生出乐平腔，新中国成立后，乐平著名剧作家石凌鹤创立了赣剧，数百年来乐平梨园弟子云集，因此戏曲的发展推进了古戏台营造技艺的保护和传承。

乐平传统戏台以"建筑奇巧复杂，装饰豪华艳丽"著称，种类多样，曾出现过庙宇台、会馆台、万年台、祠堂台、宅院台，如今尚存万年台和祠堂台。万年台的形制有三间四柱一楼两硬山式、三间四柱三楼式、三间四柱三楼两硬山式等多种式样。祠堂台依祠堂而建，分单面台和双面台两种，其中双面台也称"晴雨台"。

乐平古戏台的营造工序主要包括选址、开工、制图、选料、施工等步骤。选址通常请堪舆师察看地形风水，祠堂台大抵坐北朝南，万年台朝向多因地而宜；开工选择良辰吉日，由德高望重的长者和主持、主墨在鞭炮声中破土；制图由主墨木工师傅负责，有正面图、侧面图、天图、地面图等；选料讲究，杉、梓等针叶树主要用于大木构架，樟、榉等阔叶树主要用于小木作；施工由锯工、大木工、小木工、雕工、泥工、漆工、画工等各司其职，通力合作完成。此外，乐平古戏台的建筑结构也别有用意，采用穿斗与抬梁混合式，借助木架承重、砖墙围护，因而古戏台受力合理、结构稳固。匠师还会根据戏台自身特点不断优化建筑结构，通过移柱、减柱等方式扩大舞台面积。

乐平传统戏台融建筑、雕塑、戏剧、文学和民俗于一体，用传统之韵描绘当代之美，是乐平戏曲历史演变的写照，是延续宗族血脉关系的文化空间。

（撰稿：熊子薇）

乐平古戏台看戏（徐天泽 摄）

庐陵传统民居

江西省吉安市古称"庐陵"，位于赣江中游的吉泰盆地，是庐陵文化的发源地和中心区域。唐代中期，全国经济、文化重心南移，处于江南腹地的庐陵地区经济逐步发展。到了宋代，庐陵成为享誉全国的"江南望郡"。直至明代，庐陵的文化经济发展在全国居于前列，这为当地建筑工艺的繁荣发展奠定了重要基础，而庐陵传统民居则是鲜明表征和产物。

作为中国传统民居建筑的重要分支，庐陵传统民居的历史源远流长，始于唐宋，兴盛于明清，数量之多、保存之完整，在全国罕见。始建于南宋时期的白鹭洲书院是突出代表，明代时期，许多名宦贤儒回乡兴建学堂、庙宇、祠堂、宅邸等，从而推动庐陵传统民居营造技艺达至鼎盛。

与北方、江浙民居相比，庐陵传统民居营造技艺呈现出显著的赣中地域特色，如天井院式的建筑布局、鹊巢宫式屋顶、清水砖的马头墙、鎏金木雕装饰的木构架等，形制布局、通风采光、建筑装饰均为满足人们生活需要所做出的优化设计。至今，吉安还留存着数以百计的传统古村落，留存着如司马第、相国府、大夫第、祠堂、书院等精美古建筑。其中，泰和县的蜀口村是庐陵八大文化古村之一，至今仍完好保留着崇德堂、复亨堂。千百年来，庐陵传统民居营造技艺世代传承，在形制构造、构件加工及装饰工艺等方面一直延续着传统做法，如今仍然广泛应用于古建筑修缮、古村落改造和传统民居建造中。

庐陵宗族聚落的选址受中国风水理论的影响，庐陵人重视山形水势等自然环境与人类居所的和谐共生，房屋建造讲究趋吉避凶，故当地传统民居按照觅龙、察砂、观水、点穴等步骤细致考察周边环境。涉及建房中的各个环节，如奠基、开工、上梁、竣工、乔迁等均会举行正式的仪式，由此形成了一整套独具庐陵特色的建造工序和行规习俗。

在营造技艺上，庐陵工匠采用"蓝灰勾线"方法，以清水砖砌筑马头墙，有着鲜明的地域特色。庐陵工匠还大胆打破天井式民居的四面围合形制，把天井推到屋前，各个居室围绕室内厅堂布置，形成"天井院"式布局。为了解决厅堂采光问题，庐陵工匠又创造出天门、天眼等采光通风方式。此外，在庐陵的祠堂等建筑中有种被称为"鹊巢宫"的屋顶构造，类似斗栱，由数百块木质圆形雕花构件组成，层层出挑，宫顶青瓦覆盖，四角翘檐，做工精美，堪称传统民居建筑的典范。

庐陵传统民居是吉安地区特色的文化符号，是当地民众精神信仰的寄托。这些沉淀在红色大地上的传统民居凝聚了历史与文化的力量，兼具实用性和观赏性，凸显了中国传统建筑的工艺之美，是研究庐陵发展史不可或缺的史料。

（撰稿：熊子薇）

南昌汪山土库

每个城市的建筑均受到当地历史文化、民风习俗等因素影响，我国北方地区大多是"合院式民居"，南方则是"天井式民居"。而仅分布于江西鄱阳湖地区的土库建筑，是江南天井式民居中的特殊类型，汪山土库是其典型代表。

位于南昌市新建区的汪山土库规模浩大、气势恢宏，素有"江南小朝廷"之美誉，被中国文联、中国民协命名为"中国府第文化博物馆"。整座建筑占地108亩，由25幢青砖大瓦房组成，大小房间1443间，天井572个，幢与幢之间巷道相通、墙体相连成一整体。主体建筑进深4—7进不等，有保仁堂、退思堂、大房、二房、六房、十房等主体住宅，另有家庙祖堂、

南昌汪山土库（谭惠如 摄）

家塾稻花香馆、粮仓大房仓及望庐楼、祖堂后屋等附属功能建筑。汪山土库晴无日晒、雨不湿鞋、冬暖夏凉。虽然格局传统、规整，但其色调古朴、典雅，隐身于鄱阳湖之滨，与风雅恬静的田园风光和谐统一。

明代中期，鄱阳湖地区的经商者纷纷把在外学到的营造技艺与家乡建筑相融合，从而使赣鄱大地呈现出一座座令大众叹为观止的优秀建筑，如永修县马口乡的"土库卢"、滩溪乡的"土库"、新建区象山的"土库村"等。其中，汪山土库始建于清道光元年（1821），历时30年才基本完工。其主要吸取了徽派建筑、宫廷建筑、苏州园林及赣南围屋等建筑元素，吸收了儒教、道教等传统文化精髓，从而形成了独具特色、自成一派的建筑风格。

汪山土库讲究"藏风聚气""引蓄含蔽"，屋脊不外露，椽檐不外翘，屋面朝向天井，形成"四水归堂"，含有"财不外流"和"行善积德"之意。因此，汪山土库的墙体结构独特，内为木架承重，四面外墙围闭。由于地势低洼，雨水充沛，易潮易涝，其采取外墙青砖立斗灌泥、墙内侧定礅立柱承重的构筑形式，所有墙体采用单丁斗式、一斗一眠式砌筑方法，每隔一段便用拉铁把外墙"铆固"在木构架上。墙体一般高达7米左右，墙头高出房架，呈现"三山式"的阶梯式防火马头墙。从整体上看来，汪山土库白灰压边，青砖黛瓦，轮廓线丰富多姿，给人以强烈的视觉感染力。

此外，汪山土库面南背北，负阴抱阳，天井宽大，地势一进高于一进，下水道精巧隐蔽，通风、采光、排水功能齐全，两百年来畅通无阻。并且，其建筑用材十分讲究。木料来源于赣南深山老材，质硬通梢；红石从鄱阳湖中间南矶岛采取，细腻结实；青砖灰瓦则是在本地筑窑十八座，取蚂蚁河床粘泥，专门制模锻烧，至今还保留古窑遗址。

南昌汪山土库虽没有繁华富丽的雕刻装饰，却凸显淡雅质朴的工艺美学魅力，更折射出当地温良淳朴的民风民情，堪称古建筑中的经典之作。

（撰稿：熊子薇）

样式雷

"清朝八代样式雷，中国半部建筑史。"在建筑领域中流传着这样一句话，这是中外古建筑学者对样式雷的高度评价，足以凸显样式雷在古建筑史中举足轻重的地位。

样式雷，是对清代 200 多年间主持皇家建筑设计的雷姓世家的誉称。样式雷祖籍江西永修，从第一代雷发达到第八代雷献彩，宫殿、皇陵、御苑等清代重要宫廷建筑和皇家工程，几乎都出自雷氏家族。因雷氏数代都在样式房任掌案职务，故被世人尊称为"样式雷"。

样式雷家族设计的许多宫廷建筑已成为古代建筑艺术的绝世珍品，如北京故宫、天坛、颐和园、清东陵西陵、承德避暑山庄等，均被联合国教科文组织列入"世界文化遗产"。雷氏家族还留下了 2 万多件被称为"传世绝响""民族瑰宝"的建筑设计图档，包括烫样与图纸、做法说明等。其中，把平面设计图通过纸板、秸秆、木头等材料按照一定比例热压制成的立体微缩模型小样，称作烫样。雷氏家族烫样独树一帜，是了解清代建筑和设计程序的重要资料。2007 年，"样式雷图档"被联合国教科文组织列入《世界记忆名录》。

样式雷建筑文化一直备受国内外古建筑学者的关注。1931 年，古建筑学家、中国营造学社创始人朱启钤首先发起了"中国圆明园作品展"，他所著作的《样式雷考》是研究样式雷世家的开山之作，影响深远。2003 年，样式雷研究专家张宝章编著出版《建筑世家样式雷》。从 2008 年起，永修县文化研究学者张欣、陈前金、淦家凰、罗勇来等撰写了 50 余篇研究样式雷的文章，在《海淀文史》、《当代江西》、新浪网等媒体发表。2017 年，南昌大学教授朱礼生创作长篇影视小说《清宫巨匠样式雷》。2018 年，南昌丰和集团举办了"中国样式雷建筑文化座谈会"并开设了"样式雷纪念馆"。2020 年，江西建设职业技术学院创办了《中国样式雷》学术专刊。这一系列举措不断推动着样式雷建筑文化的保护、传承与发展。

样式雷之所以享誉世界，离不开其家训家规的代代传承。《样式雷家训》出自清初样式雷祖籍建昌县北山雷氏修撰的《雷氏宗谱》，包含了勤业、诚信、厚德的处世哲学，体现了"礼义仁信通天下，忠孝智勇旺门风"的雷氏家风，其治业理念和匠人精神影响了数代创业者。因此，样式雷不仅是建筑史上的技艺瑰宝，还是激励和鞭策后人的宝贵精神财富。

样式雷建筑承载着雷氏家族世代相传的精湛技艺，记录了一个时代的兴衰发展史，留下了岁月的烙印，让后人近距离感受建筑工艺美的同时，也能更深刻地了解我国古代历史的岁月更迭。

（撰稿：熊子薇）

三僚古村

位于赣州市兴国县梅窖镇的三僚村，被誉为"中国风水文化第一村""堪舆文化的发祥地"。当地至今仍保存着七星池、蛇形祠、狗形祠、挂壁天井、鱼袋砂、罗山公墓、九尾杉、罗经山、吸石洞等众多历代风水名家代表作和自然景观，是我国风水文化保存最为完好、风水作品最为集中的古村落，影响极其深远。

"堪舆学"俗称风水地理，它是古老"易经"中一个自成体系的独立支派。堪舆学家认为，人一生的幸福安康，子孙后代的繁衍兴旺，都会受住宅环境的影响，其出发点便是找到一种阴阳平衡。而这种风水文化深刻影响着客家人生活的方方面面，包括建房、出行、婚丧嫁娶等，对于研究赣州地区的客家文化具有重要价值。

据兴国县文化馆馆长肖远明介绍，唐僖宗年间，风水地理一代宗师、金紫光禄大夫杨筠松（号救贫仙师）因躲避战乱，携"宫廷秘籍"云游天下，被三僚村如同太极阴阳图形的独特风水所吸引，先后收曾文辿、廖金精为弟子，三人"结草为庐"，并从此开基立业，著书立说，传经布道，"三寮"村

（后改称三僚）因此而得名。杨救贫及其两大弟子的传世之作《疑龙经》《撼龙经》《葬法倒杖》《八分歌》《怀玉经》等，代代相传，至今仍是堪舆学界的经典著作。

俯瞰三僚村，这片丘陵山地被两条溪水分割两半，如同一幅阴阳太极图，并且两岸水温相差5—6度，因而当地村民生动地将其分别称为"阴溪"和"阳溪"。三僚村独特的风水文化和古村落风貌吸引了许多游客慕名前来，成为远近闻名的旅游景区。

近年来，兴国县不断加强对三僚村古建筑的保护，传承发展堪舆文化，使其在两岸文化交流、增强客家人凝聚力和认同感中发挥重要作用。

（撰稿：熊子薇）

兴国三僚村三祖殿（曾博文 摄）

台湾

台北林家花园　雾峰林家

台北林家花园是由板桥林本源家族兴建的房舍，属于仿苏州留园设计，总面积约为 6054 坪，分为九大区域，分别为：方鉴斋、汲古书屋、来青阁、香玉簃、月波水榭、定静堂、榕荫大池、观稼楼、横虹卧月。宅邸内的建筑装饰不仅带有浓浓的中式风情，建筑上的雕刻工艺更是技术精湛、精致华丽，举凡木雕、石雕、砖雕，都是经典的艺术作品，仔细观察还可以发现不同种类，从人物、动植物到器物、文字等各式主题。林家花园不只是先人所遗留下来的珍贵历史遗产，更是一座认识台湾地区历史与传统建筑的宝库。

雾峰林家是台湾五大家族之一，因其发迹于雾峰（古称阿罩雾，今台湾台中市雾峰区）而得名。自 19 世纪中期以来，林家因协助平定太平天国、戴潮春事件并参与中法战争，而掌有数千精良兵勇以及樟脑专卖权等特权，掌控了台湾中部大量田地，进而成为台湾社会最具影响力的家族之一。日据时期，雾峰林家与基隆颜家、板桥林家、鹿港辜家、高雄陈家并列为"台湾五大家族"。

雾峰林家祖籍为闽南漳州平和县五寨乡埔坪村，开台祖林石于乾隆时期渡台，数十年间开拓有成，却因林爽文事件牵连入狱而逝。后在其子林逊遗孀黄端娘的带领下，第三代林甲寅从原先大里杙（今大里区）移居阿罩雾（今雾峰区），重振家业再次兴旺。

现称雾峰林家系指林定邦、林奠国这两支脉后代，林定邦后代称为"下厝"，林奠国后代则为"顶厝"。林家发展初期主要由下厝体系林文察、林文明、林朝栋、林祖密之军功发挥其影响力；后期则是由顶厝体系林文钦、林献堂及其堂兄弟脱颖而出，擅长经商，并以支持文艺、社会运动闻名。

雾峰林家宅园，系指雾峰林家位于阿罩雾地区的园林与宅邸建筑之总称，包括下厝系统、顶厝系统以及莱园三大部分。而雾峰林家宫保第园区开放区域是下厝所属之宫保第、大花厅及草厝等三个建筑群落。"宫保第"为台湾地区仅存清代一品官宅，由林文察于1858年首建，现存第三进及左右内外护龙。林文察于同治三年获诏追封"太子少保"，其宅邸始称"宫保第"。"大花厅"为五开间三落格局，福州式戏台与特色卷棚做法为全台唯一，因其八角藻井中雕琢有花中之王牡丹，具丰腴之姿、富贵姿态，于顶心明镜位置盛开，有花开富贵之意，因而取名"大花厅"，是林家宴客与看戏场所，当时还有专属戏班，如同现今"私人歌剧院"，系雾峰林家鼎盛时期象征。"草厝"为雾峰林家起家厝，建筑为正身和护龙组成的三合院草屋，并有谷仓和门楼，外面则有大片庭园空间，是雾峰林家早期重要的生活场所，象征林家筚路蓝缕白手起家阶段。"草厝"部分早在日据时期就已毁坏，现在是以1930年保存的照片为修复基准，以原工法、材料进行复原的。

（撰稿：吴承谕）

台北林家花园（吴承谕 摄）

金门琼林建筑群　澎湖望安花宅聚落

金门琼林建筑群（闽南式又融入南洋华侨风）

金门琼林村现存的祠堂共有七座八祠，即蔡氏家庙、新仓上二房十一世宗祠、坑干六世宗祠、新仓下二房六世十世宗祠、前廷六世宗祠、大厝房十世宗祠、藩伯宗祠等。

琼林旧名平林，以该地位居金门岛中央位置，地势较低，树林茂密，由四周高处观之，有若树林覆盖而得名。明朝天启年间，熹宗皇帝御赐"琼林"一名，遂沿用至今。目前的金门蔡氏济阳派以琼林为主，后裔兴盛并进而移居各地；琼林蔡氏之始祖，约在五代时期自光州固始县移入福建地区，之后再经迁移，乃至金门琼林居住。蔡氏一族为缅怀先祖之困苦生活并教育后代孝德，对宗祠之倡建可说是不遗余力。1840年时蔡蔚亭独力斥资兴建新仓上二房十一世之宗祠，此宗祠因是琼林地区诸宗祠中最晚建成者，是闽

金门琼林建筑群（吴承谕 摄）

南式又融入南洋华侨风，故村人一般又称为"新祖厝"。其建筑材料相当考究，正殿屋脊高度也超过村内其他宗祠，成为蔡氏宗祠的特色之一。此外，聘请当时的书法名家吕世宜为之题堂联，文曰"科甲庆蝉联贵治宣犹祖若孙两朝名宦""浙黔扬骏烈明刑典试父而子继世文宗"。蔡氏宗祠为琼林地区宗祠中目前唯一仍留存有兴建碑记者，其碑文由开澎进士蔡廷兰于1843年北上赴京赶考顺道归省时所记。

澎湖望安花宅聚落（汉人街庄）

花宅聚落是澎湖地区保存较完整的传统聚落之一。大陆沿海居民移居到此，观察地形，周围山丘环绕，宛如花瓣环绕着花心，于是在花心（山仔尾顶）附近垦地筑屋，因此名为"花宅"，后改中社村。聚落内部空间主要由两条南北向通道与三条东西向巷道构成，民居、菜宅等建筑均以澎湖的玄武岩和咾咕石砌成，显露居民就地取材、适应环境之智慧。在花宅的古厝群中，最显眼的莫过于曾家古厝。这是曾家子孙集资自费按原貌修护而成，保存先人产业令人敬佩。

（撰稿：吴承谕）

澎湖望安花宅聚落曾家古厝（陈明华 摄）

恒春旧城门　台北旧城门

恒春旧城门

恒春古名"琅峤"，沈葆桢认为此地气候宜人，四季如春，于是在1875年更名为"恒春"。清同治十三年（1874）受牡丹社事件冲击，清廷开始重视海防，体认台湾地区南端毫无防御，并为利开山抚番，遂奏准在此立县建城。坐落在镇中央有130年历史的恒春古城保存得相当完整，城墙以砖石灰土砌筑而成，高约2丈，厚约8尺，全长972丈，东、西、南、北四座古城门是台湾地区唯一保留最完整的城门古迹。内外门洞皆半圆拱，在上建有城楼。

恒春旧城墙（吴承谕 摄）

台北旧城门

台北古城是清朝在台湾地区最晚兴建的古城池，城墙周长1506丈，城廓约1.4平方公里，位置大约在现在的中山南路至中华路、爱国西路至忠孝西路的范围。台北古城一共有五个城门，分别为：东门（景福门）、西门（宝成门）、南门（丽正门）、小南门（重熙门）、北门（承恩门），联结着艋舺、大稻埕、板桥等区域。相传台北城落成初期，只有四座没有城楼建筑的拱形门洞，之后经由地方士绅捐输经费协助，才得以兴建各城楼，其中以居住在西门外艋舺地区的三邑人捐款兴建的西门最为华丽。至于小南门，则是为了方便后来崛起的枋桥（今新北市板桥区）新聚落所设。

台北府城以北门为主城门，其正式名称为"承恩门"，乃取其遥望北京方向承受皇恩之意。建筑样式为台湾地区城郭建筑中少见的碉堡型建法，且具备城堞与枪孔。承恩门虽在日据时期被拆除了瓮城外郭、接官亭等建筑物，但仍是台北城门之中现存最完整者。西门亦称"宝成门"，城门所在附近的艋舺居民是泉州三邑籍移民后代，想用雕梁画栋的城楼代表"宝物成就"的好彩头，希望借此维持艋舺商业流通的兴旺景象。然而在1900年，日据政府开始将西门强行拆除，当时引起民意反弹，致使日据总督府之后意图拆除其他四座城门的计划叫停，也因此西门成为台北城唯一被拆除殆尽的城门。为纪念此门，于现在西门圆环处，设有"宝成门旧址"石碑，2014年更以原宝成门为蓝图，设置城门造型艺术品"西门印象"。

另外，五城门中的大南门（丽正门）可通往景尾（景美）、深坑、石碇，是台北城最大的城门。与大南门同样位于城池南侧的小南门（重熙门），是通往枋桥（板桥）的廊檐式城门。五门当中居城池东边通往锡口（松山）、基隆方向的东门（景福门）则和北门相似，亦为重视防卫功能的碉堡式城门。这三座城门（大南门、小南门、东门）之上原本皆为南方闽式建筑的红瓦城楼，然而却在1966年被当时的台北市政府以"整顿市容以符合观光需要"为由，改建成风貌完全不同的北方式绿琉璃瓦顶亭阁式建筑。

（撰稿：吴承谕）

南门（吴承谕 摄）

台南亿载金城　基隆二沙湾炮台

台南亿载金城

亿载金城又名"二鲲身炮台"，所谓的二鲲身即是昔日罗列在台江西岸的沙洲岛名，当时安平古堡位于一鲲身，亿载金城位于二鲲身，不过后来因为港口淤积，所以沙洲也就慢慢地连在一起。

亿载金城源于"牡丹社事件"所引起的日军犯台事件，当时钦差大臣沈葆桢奏请朝廷架设仿西式的炮台获得批准，延请法国人设计，于光绪二年(1876)完成。这是当时台湾地区的第一座炮台，建构此炮台时，因地处沙洲，所以材料取得和运送不易，据说当时城砖来自已破墙残瓦的安平古堡。亿载金城占地约3公顷，为西洋式红砖建筑，呈四方形，四隅有棱堡，用来放置大炮，而中央凹入的场地则是用来操练军队，城外引海水为护城壕，城上设有大炮，故称大炮台，另称安平炮台、三合土炮台、抗日名城。城门作拱形，外题"亿载金城"，内题"万流砥柱"，皆为沈葆桢手笔，刚劲有力。

亿载金城（吴承谕 摄）

目前亿载金城离海渐远，四周茂林密布，早失军事价值。城门右边的纪念碑上面，记载着亿载金城的建筑历史，城内有沈葆桢的纪念铜像，目前放置在城内供人参观的炮台，是 1976 年台南市政府为纪念此炮台创建一百周年特别仿制的成品。

基隆二沙湾炮台

清朝时期，基隆为台湾地区北部重要门户，与沪尾（今淡水）同为货物吞吐良港，也是海防重要据点。二沙湾炮台是清廷于 1840 年（道光二十年）在鸡笼（今基隆）出港口的二沙湾山上所建造的海口防御炮台，又称海门天险。1841 年，英国船舰纳布达号进犯鸡笼，轰击二沙湾炮台，击毁兵房一间。台湾兵备道（最高军政首长）姚莹指挥艋舺营参将邱镇功及守备欧阳宝等发炮还击，终使英舰桅折索断，出海时触礁沉没。1884 年（光绪十年）中法战争，法军攻占鸡笼，多数炮台被毁，二沙湾炮台的城门及城墙仍然保持完整。战争结束后，刘铭传鉴于海口防御的重要性，在台湾南北修造炮台 10 座，购置洋炮 31 尊，分别安设于各炮台。

基隆二沙湾炮台（吴承谕 摄）

日据时期，基隆与澎湖岛被列入要塞地带，二沙湾炮台与日本人所建大武仑炮台、杠子寮炮台、深澳坑炮台、社寮炮台等成为共扼基隆港的炮台。国民党当局退台后，二沙湾炮台归军方管理，但因年久失修，逐渐没入草莽中。1975年再度被发现而加以重视，历经1979年与1989年两度维修，现存海防炮台、兵房弹药库等多用当地砂石垒砌，长方形的入口城门中央砌成圆拱形城门洞，城顶安雉堞，城门上阴刻"海门天险"四字。

（撰稿：吴承谕）

嘉义王得禄墓园

王得禄，字百遒，号玉峰，台湾嘉义人，祖籍江西南城，清朝著名将领，官至福建水师提督，加太子太保衔，死后追赠伯爵，加太子太师衔，为清朝台湾官位最高者。

王得禄墓园位于今嘉义县新港乡安和村与六脚乡双涵村交界处，面积共1.92公顷，略成椭圆形，纵深87.5米，宽约43.4米，是台湾地区最大的

嘉义王得禄墓园（吴承谕 摄）

墓园式古迹。王得禄陵寝按传统清律例建造，气势颇为恢宏。墓碑后筑有墓岸，两侧依次立有石龙、石凤、石狮、石象等，墓埕前方立有石翁仲、石马、石羊、石虎等。因墓址矗立于广阔的平原上，故显露出雄伟壮观的气势，为清朝台湾名墓之一。

（撰稿：吴承谕）

百
工
之
艺

江西

瓷板画

亦瓷亦画，惟妙惟肖，是南昌瓷板画别树一帜的特色所在。南昌瓷板画又称肖像画、瓷像，是基于中国传统绘画、陶瓷彩绘和西方摄影术发展而成，巧妙地结合了绘画艺术与制瓷技艺，是具有百年历史的赣鄱传统美术技艺。其静中有动、虚中寓实、笔触细腻、状物传神，且具有不褪色、耐潮湿、防日晒等特点，现主要流传于江西省南昌市、景德镇市等地区。

据史料记载，瓷板画始于清朝末年，"珠山八友"之一邓碧珊开创了瓷上肖像画先河。清代以后，釉上彩绘色彩丰富，加之瓷器装饰与绘画工艺联系密切，因此一批文人画家开始投身于绘瓷艺术的发展。画家们以瓷胎为画纸，作画题字，无异于水墨画法，形成了全新的文人派画风。并且，当时景德镇集中了许多能工巧匠，主要烧制珐琅彩纹饰品，专门生产皇室用瓷，品质精良。民国初年，梁兑石在现南昌市中山路一带开设丽泽轩瓷庄，号称"肖行瓷像"，开启了南昌瓷板画的发展道路。

随着数代传承人的不断创新发展，南昌瓷板画技艺愈发成熟，作品远销国内外，颇受各界人士青睐。1915年获巴拿马国际博览会金奖，1984年获全国旅游工艺品纪念品评比优秀奖，近年来荣获中国工艺美术百花奖和第一、第二和第四届中国工艺美术大师精品博览会金奖等大奖，日本、澳大利亚等多国艺人均慕名前来南昌学习瓷板画技艺。2010年10月，南昌瓷板画研究中心正式成立，中心通过开展"瓷板画进校园"等活动，不断推动南昌瓷板画制作技艺的保护和传承。

作为陶瓷艺术中的一大门类，南昌瓷板画制作流程较为复杂，工序要求严格，涵盖了选材、绘画、精修、施釉、烧制等步骤，且必须反复绘画和烧制。其主要采用九宫格定位、鱼鳞点子笔法等瓷上肖像绘画技法创作，原料主要有白胎瓷、瓷器颜料、调和用油等，工具包括料笔、彩笔、针笔、料铲等，形制则有长方、圆形等多种类型。在创作题材上，早期瓷板画是富庶家族专门请瓷画家以写实创作手法为长辈绘制黑白肖像画，用于子孙后代对先辈的缅怀。随着绘画技艺的进步，瓷板画突破了人物肖像等写实性创作的局限，题材内容更加多样化、生动化，有人物肖像、龙凤图案、山水、花卉、神话故事等。瓷板画的品种也不断拓展，比如青花、青花釉里红、五彩等。

南昌瓷板画吸收了瓷器和美术之精华，不仅让世人感受了赣鄱非遗魅力，更是南昌市的一张文化名片，对推动两岸文化交流与发展发挥着重要作用。

（撰稿：熊子薇）

瓷板画（蔡涛 摄）

婺源三雕

自古以来，上饶市婺源县文化底蕴深厚，文物建筑、古村落遗存较为丰富，更有着遍布全县乡村的"三雕艺术"。"婺源三雕"是指婺源古建筑所运用的砖、石、木三种民间雕刻艺术，是徽派文化的重要组成部分，主要运用于民居、官宅、宗祠、庙宇、廊桥、牌坊等建筑装饰，主要流传于婺源县江湾镇、思口镇、龙山乡、沱川乡等乡镇。作为婺源建筑的一大特色，可以说婺源凡是有古村落、古建筑之处，便有婺源三雕的身影。

婺源三雕技艺最早可追溯至唐代，至明清达至顶峰。明代建筑一般不事雕琢，只用一些线条式的几何纹来做装饰，线条造型简单，强调对称，构图、布局简明扼要。直至清代，可谓无巧不用其极，徽商的富足、程朱理学的信念、民间的能工巧匠使三雕技艺日趋成熟。明万历二十四年（1596）兴建于沱川理坑的"尚书第"建筑装饰是婺源三雕较早的实例，清顺治十六年（1659）兴建的"司马第"则标志着婺源三雕进入全新阶段。

婺源三雕的雕刻内容之丰富、手法之精湛，令人叹为观止。其随徽派建筑的兴起而蓬勃发展，借助于线条造型和新安画派的表现手法而独具特色。常采用圆雕、浮雕、透雕等多种雕刻手法，制作流程有选材、打磨、绘图、雕刻和拼装等几十道工序，题材覆盖山水林园、人物典故、花卉鸟兽等。其中砖雕广泛用于门套、门楣、屋檐、屋顶、屋瓴等处，材料选用本地产的水磨青砖；石雕主要用于牌坊、勾栏、踏步、柱磉等，材料选用黟县黑、茶青石和青田石；木雕多用于屏风、栏柱、额坊、梁柱、斗拱等处，取材要求较高，特别是大型木雕要选用百年以上的枫、樟、柏等。

婺源三雕将工艺装饰与精神教化融于一体。譬如，三雕中常出现的"卐"字图案，是指"无始无终、平平安安、生生不息"；仙果满架，寓意"瓜瓞绵绵"，象征着宗族的兴旺；"鱼"意味着生殖、富余；"虎"意味着辟邪、护生；"桃"意味着驱鬼、高寿；"佛手"意味着财富；"瓶子上插着方天画戟，

婺源三雕　砖雕（汪湧 摄）

婺源三雕　木雕（汪湧 摄）

婺源三雕　石雕（汪湧 摄）

一件乐器——磬，一个花瓶，一只马鞍"的窗门图案，即戟、磬、瓶、鞍的组合，谐音是"吉庆平安"。此外，婺源三雕的布局具有定式化特点，砖雕、石雕多用于门楼，木雕用于堂内。图案的布局形成了固定模式，不得越级出轨。龙、人物、花鸟和几何图案等级森严。龙的等级最高，放在最中间、最高处；人物次之；花鸟器皿更次之；几何图案则是辅助性装饰。

（撰稿：熊子薇）

瑞昌剪纸

剪纸，中国十大国粹之一。由于地域文化差异，各地衍生出多种各具特色的剪纸技艺。其中，流传于"中国民间艺术之乡（剪纸艺术）"——九江瑞昌市的剪纸技艺以独特面貌在剪纸领域中大放异彩。瑞昌剪纸题材丰富、构图精美、寓意深刻，是当地民俗活动的重要组成部分，也进一步推动了我国传统美术的繁荣发展。

瑞昌剪纸历史悠久，可追溯至汉晋时期，至今已有两千余年的历史。1972 年，瑞昌境内发掘的西汉古墓墓砖纹饰被认为是瑞昌剪纸的雏形。历经数代人口授手传，不断创新，瑞昌剪纸形成了独具个性的艺术风格，成为当地的文化亮点。作为剪纸之乡的夏畈镇，自古就有"无户不剪纸，无女不绣花"的说法，被称为"华夏剪纸第一镇"。近年来，夏畈镇建立了剪纸博物馆，并对外开设剪纸技艺课堂，让青少年近距离接触和学习民间艺术，从源头上加强了对瑞昌剪纸技艺的保护和传承。

瑞昌剪纸融汇了南北特点，既有南方的阴柔之美，灵动细巧，又散发出北方的阳刚之气，雄劲厚重。其以剪刀为工具，原料为旧时常用记账的账本纸，但用于庆典、祭祀和丧葬等活动的剪纸作品，则会根据需要从黑、红、白、蓝四种色纸中选择。其剪纸技法颇具特色，较为"随意"，不受时空、透视等限制，阴阳剪法兼用，且极少用对称图样，而是用均衡的单独纹样。此外，其采用非镂空手法，这在南北方剪纸中均较为罕见。瑞昌剪纸的题材十分丰富，从山川草木、花鸟虫鱼到劳动场景、神话故事，应有尽有。这些艺术作品被广泛用于年节、婚嫁、丧葬、农事等，也可用于门窗、家具等日常家居，或作为枕套、门帘、桌布等的绣样，遍及瑞昌家家户户，深受大众喜爱。

在赣鄱大地上，还有许多优秀的剪纸技艺，如广信剪纸、新干剪纸、樟树剪纸等。其中，位于上饶市的广信剪纸是南派剪纸中东南地区剪纸的代表作品，受古吴巫文化、道教文化以及畲族文化影响，兼具艺术审美和宗教文化研究价值。其以"构图饱满、造型生动、色彩绚丽、工艺古朴"为特色，并且工艺复杂，包括构思主题、纸张刷色、勾画线条、装订花样、锉形淬刀、二度连线、三度凿刻、快引慢描、排浆上胶、叠加粘贴等30多个步骤。

与瑞昌剪纸相似，位于吉安市的新干剪纸以阳剪为主，辅以阴剪或阴阳兼用手法，题材内容丰富，尤其擅长表现"红""白"风俗，如新房门帘、春节彩帘、灵屋寿鞋、鬼衣鬼钱等，代表作品有传统题材的《鸟儿骑牛娃伴归》《老鼠醉酒》《十二生肖》等，以及现代题材的《绿色家园》《农村新风》《五十六个民族五十六朵花》等。

（撰稿：熊子薇）

东固传统造像

在吉安市青原区东固镇畲族乡，流传着一项集木雕工艺、民间宗教造像、民间信仰仪式三者于一体的传统技艺——东固传统造像，而从事该项技艺的手工艺人被当地人尊称为"丹青先生"。

吉安市青原区东固镇东溪村的刘氏家族至今保留着这项传统技艺。刘氏原属"南京工部匠籍"中的"雕銮匠"，其技艺传承可追溯至明朝初年，有明确记载的传承人50多位。现刘氏家族刘节明、刘节亮、刘节旺三兄弟，均是远近闻名的"丹青先生"，他们在保持传统技艺的基础上，还将现代美术与传统木雕结合，创作出符合现代审美的神像。代表性作品有孔子像、弥勒佛像、雷部诸神、十八罗汉等，并远销福建、广东等地区。

东固传统造像技艺集中体现了工艺绘画、宗教活动、雕刻工艺，包括神像木雕、开光仪式两个部分。在木雕环节中，东家准备好各种木材和"三牲"等，丹青先生根据要雕刻的神像"样式"选择木材，并且准备好鲁班尺、斧头等。将这些工具及祭品都摆放在临时设置的祭台之后，丹青先生带领东家举行祭祀仪式，并杀雄鸡向生方（指吉利方）祭拜。制作步骤为开坯、修坯、打磨、刮灰、牛胶水封底上色、上桐油或上生漆、贴金箔。而开光仪式是一种民间道教仪式，流程主要有备神画、备祭品和选首事、请神、启师、安藏、开光、祝赞和送驾等程序。因此，丹青先生既是雕刻大师，又是火居道士，还是民间信仰中的仪式专家。他们不仅必须具备高超的木雕技艺，能绘制和雕刻佛教、道教及民间宗教中的各种神像（其中以道教为主），还需亲自主持一整套系统化的开光仪式，以此赋予所雕刻的木头"法力"。

东固传统造像体现了当地民众对于超自然力量的崇拜和信仰，其精湛的传统雕刻技艺是当地历史变迁过程中积淀下来的宝贵成果，是研究吉安文化

东固传统造像（吉安市非遗中心 提供）

发展的"活化石"。

（撰稿：熊子薇）

夏布绣

千年夏布，一枝独"绣"。夏布绣，亦称夏布刺绣，是发源于"中国夏布之乡"——江西省新余市分宜县的一项传统技艺。由于夏布绣的原料是用苎麻以纯手工纺织而成的平纹布、罗纹布，因此其主要流传于苎麻种植的主产区，包括江西省宜春市、新余市等。作为中国28大绣种之一、江西代表性绣种，夏布绣"以麻为纸，以针作笔，以线为墨"，一针一线之间，尽显国之韵味。

夏布绣起源于北宋初年，至今已有1000多年的悠久历史。赣北和赣西盛产苎麻，曾出现家家种麻织布、户户有剪纸绣花的繁荣景象。传统夏布绣属于实用绣范畴，与生活饰品相融合，被广泛应用于服饰装饰、喜庆婚嫁等方面，如帐幔、帐帘、童帽、云肩、口围、枕顶等均通过夏布绣进行装饰，大多是用于美化生活、交流情感等，品相好的绣品也会进入市场流通。经过世代传承人的创新实践，以张小红为代表的民间艺人前承民间传统刺绣，后开夏布艺术刺绣先河，将古朴的夏布与细腻的艺术刺绣融为一体，使夏布绣作品呈现出肌理鲜明的美感，具有独特质朴韵味的地域特色和艺术风格，极大地提升了观赏价值。并且，当地着力打造夏布文化品牌，建立了江西省首家刺绣博物馆——夏布绣博物馆，还注册了"夏绣""渝州绣坊"等多个商标，《江西客家刺绣童帽系列》《天工开物》《松鹤图》等夏布绣作品荣获包括中国民间文艺"山花奖"和"百花奖"在内的多项国家级和省级金、银、铜奖，《茆庵静坐图》《丽人行》《庐陵风韵》等夏布绣作品分别被中国工艺美术馆等12家国家级博物馆永久馆藏，享誉国内外。

在技艺特征上，夏布绣主要包括夏布处理和刺绣设计两大部分。前者有软化处理、热烫夏布等方式，后者则涵盖了设计、勾稿、上绷、勾绷、配线、刺绣等工序。其中，夏布绣的针法丰富多样、技巧灵活多变，常用的针法有透底针、虚实针、乱针、交叉针、旋针、套针等。此外，夏布绣十分注重线条、弱化色彩，融合了夏布特殊的肌理与水墨国画的韵味，作品呈现出色泽古朴、典雅深沉、宁静素雅的艺术气息。在世代传承的过程中，夏布绣一直流传着"有图必有意，有意必吉祥"的刺绣古言，因此夏布绣作品形成了独特的艺术语言体系，其色彩图案均蕴含着创作者所赋予的美好愿景，如绣有梅花、牡丹、喜鹊登梅等纹样的枕顶绣片，传达着五福捧寿、富贵福至、好事连连等吉祥寓意。

夏布绣不断坚持传承创新，与时代共生，与生活相融，用绣针绘画出一幅幅锦绣山河，实现了技艺、文化和审美的高度融合。

（撰稿：熊子薇）

夏布绣（曾博文 摄）

余江木雕

"技可进乎道，艺可通乎神。"木雕是一种减法艺术，削剔刻凿，技艺尽显，化腐朽为神奇。江西省鹰潭市余江区被称为"中国木雕之乡"，据史料记载，余江木雕源于唐、兴于明、盛于清，至今已有1200多年历史。其工艺精湛，雕凿奇巧，惟妙惟肖，具有深厚的文化价值和收藏价值，为世人所颂赞。

早在唐宋时期，佛教和道教文化盛行，民间多造木雕道尊和佛像在家供奉，有些日常生活器具，如桌几、花板床、太师椅、女子出嫁的樟木箱、梳妆匣子等都融入了木雕工艺元素。清同治版《安仁县志》（余江古为安仁县）记载，明嘉靖年间，文庙中的先贤由泥塑像改用木雕塑像，自此木雕适用范围扩大，产业发展迅速，从官府衙门、达官府邸到富商民宅，普遍运用木雕工艺装饰。如今在锦江、马荃、杨溪、平定、中童等地许多明清古宅上的梁柱、斗拱、飞檐、栏杆、门楣、匾额仍遗留了不少木雕精品。清末，余江雕刻与佛佑文化相结合，获得了东南亚佛教信徒的青睐。

20世纪70年代，余江木雕成为我国木雕行业的后起之秀。从生产雕花樟木箱到传统雕刻工艺品、雕刻家具、室内装饰、建筑装饰、高档宗教产品五大系列2000多个品种，远销东南亚、北美、西欧等地。

千百年来，余江木雕在传承前人技法基础上，充分吸收诸家木雕技艺之精华，日臻成熟，逐步形成了独具特色的余江木雕雕刻技法。余江木雕多以中国古典神话、传说、民间故事、花鸟鱼虫、飞禽走兽、龙凤麒麟等为题材，图案丰富，寓意独特，如孔雀和牡丹结合称之"花开富贵"、瓶子和如意结合称之"平安如意"、鹤和松树结合称之"松鹤延年"等，还彰显出忠孝节义、爱国忠君、尊老爱幼、弃恶从善等传统美德。

木雕，因木而生，依木而存。余江木雕原材料主要包括香樟木、椴木、黄杨木、桧木、榉木、檀香木和红木等，并通过"因木制宜"和"依图选料"两种方式挑选木材。除选料及绘图外，还包括凿坯、修光、打磨、着色、上光等五道工序。在雕刻技法上，余江木雕以浮雕为主，结合镂空雕、透空雕、圆雕、阴雕、根雕、镶嵌雕、镂空贴花雕等多种手法，既凸显了传统木雕的古朴典雅、精致细腻、粗犷洒脱，也展现了金漆木雕的金碧辉煌。在艺术手法上，以层次高远、平面分散来处理透视关系，并以中国传统绘画的散点透视或鸟瞰式透视为构图特点。

在岁月更迭的社会变迁中，余江木雕以木雕为载体，兼收并蓄，精益求精，实现了佛教文化和民间传统技艺的有机结合，是由"技"走向"艺"的重要体现，是对我国传统美学的进一步丰富和发展，在浩瀚历史长河中留下了浓墨重彩的一笔。

（撰稿：熊子薇）

余江木雕（曾博文 摄）

鄱阳脱胎漆器

"天下谅无双，人间疑独绝。"郭沫若先生曾这样盛赞脱胎漆器制作技艺。脱胎漆器是我国传统工艺美术品，历史悠久，以造型新颖、漆面光泽明亮、制作精巧、内壁平滑而著称。其中，江西省上饶市鄱阳县的脱胎漆器被誉为"珍贵黑宝石"和"东方珍品"，与景德镇瓷器、北京景泰蓝并列为"中华三宝"。南昌滕王阁、西山万寿宫等名胜古迹的修缮与装饰，均可见鄱阳脱胎漆器的身影。

鄱阳脱胎漆器技艺可追溯至先秦，历代传承，技艺一直没有太大突破，直到清咸丰年间，鄱阳"张洪顺"漆器店独创"凝固成型"脱胎技法，省去了割胎、粘胎等流程，只需一次成形，不但提升了制作效率，还增强了脱胎漆器的牢固度，而且使内壁光洁无痕，从此为脱胎漆器制作技艺开辟了新道路。

1915年，由鄱阳县漆艺师张席珍制作的"黑退光刻漆贴金帽筒"荣获巴拿马国际博览会奖，声名远扬，备受关注。二十世纪六七十年代，鄱阳县先后成立合作社和脱胎漆器厂，所产脱胎漆器成为江西轻工业产品出口大宗，产品类型丰富，多达300余种，远销日本、俄罗斯、美国等20多个国家。2004年，鄱阳脱胎漆器作品获联合国教科文国际民间艺术精品博览会

鄱阳脱胎漆器（汪湧 摄）

金奖 2 项。

轻巧玲珑、色泽如镜、古朴高贵、神韵典雅是鄱阳脱胎漆器的突出特点，兼具了家居实用性和工艺观赏性，有较高的收藏价值。其做工精细，以坚固的漆胎、高雅的装饰、协调的色彩，颇受大众喜爱。在制作技艺上，鄱阳脱胎漆器以天然大漆、苎麻布为原料，经制模、裹布、上灰、上漆、脱胎、打磨、贴箔、推光、抛光等工序制成，耐高温、防霉变、耐酸碱、不易碎。在品种上，鄱阳脱胎漆器可分为雕花、镶嵌和贴金等类型，漆器的胎质则包括木胎、竹胎、皮胎、夹纻胎、藤胎等。

"鄱阳湖畔的黑珍珠"——鄱阳脱胎漆器，流传千年，历久弥新，见证了鄱阳湖区域文化的历史演变，凝聚了历代手工匠人的智慧与精益求精的精神，是鄱阳人民智慧的结晶，不失为一项至臻至美的工艺传奇。

（撰稿：熊子薇）

湖口草龙

"一条黄龙下天庭，游来游去游家人。我今本是黄龙后，荣华富贵万年春。"自古以来，龙便是中华民族的象征，在炎黄子孙心中有着举足轻重的地位。在有"中国民间艺术之乡"美誉的九江市湖口县，扎龙工艺有纸龙、布龙、板龙、草龙之分，因民以食为天，万物谷当首，所以草龙被推为群龙之首，其亦称谷龙、真龙、老龙。

每逢喜庆佳节、祭祀庙会，便是湖口草龙游舞的时刻，并走在纸龙、布龙等之前，"五谷灯"（稻、黍、稷、麦、豆五种植物灯彩）还会为其伴舞，有时还配以花、草、蝴蝶、鱼、蛙等动植物灯彩来衬托草龙。掌游龙头的人会在挨家逐户登门张彩时读念白，以此传递当地农民期望年年风调雨顺、国泰民安的喜悦心情。

据记载，湖口草龙源于隋唐，盛于明清，主要流传于湖口县流泗镇、张青乡、大垅乡等地。起初，农民在每年秋收后，用稻草扎成 5 至 21 节的草把，用木棍攞住，草绳串起，制成草把龙，在晒场、田坂或串村游玩，以欢庆丰收，表达农民祈求五谷丰登的美好愿景。自明末清初以来，湖口县就一直流行编扎游舞草龙的习俗。相传清雍正八年（1730），湖口张青乡长塘吴十一房村的村民为求全村太平，编扎草龙在村里及周边游舞，以驱邪除秽，并取名"平安龙"。光绪二十四年（1898），流泗周寿朋村村民周雍发将编扎草龙的技艺授于其侄周云开，后经多代传承，草龙编扎手艺在实践中不断创新发展，逐渐走向精致化、成熟化。

湖口草龙主要以新鲜、节黄、无断须的稻草为材料，辅之以竹木材料做支架，以新鲜麦秆点缀。编扎过程需用到刀、钳、锯、铁锤、针、线等工具，采用编、插、织、嵌、镶、绕、缠、悬、挂、空、别、剔、镂、透等10多种工艺技巧，形态多为狮头、鹿角、鹰爪、蛇身、鱼尾。龙身节段多为单数，一般9至15节，多者可长达21节，编扎一条长28米、直径0.38米的草龙，要用8万余根稻草，约需300个工时，龙头、龙须、节环、龙尾、龙鳞等都有严格的用草数量要求，如龙头需7600余根。如此，草龙形态才能浑然天成，呈现出庄重威严、古朴典雅的神采。

草龙舞龙则包括了游龙咬尾、穿窜、盘旋、跳跃、戏耍、逗乐、滚龙、绞柱、造型等表演形式，演出妙趣横生，深受民众喜爱。表演者多为成年男子，舞龙时统一着装，走"之"字形，由锣鼓伴奏，舞者做咬尾、滚龙等动作，表演完送龙上天，即点火焚烧。儿童表演与成人基本相同，但一般男童持龙、女童持灯。在游龙的过程中持龙头者还会唱张彩，除了介绍龙的出身外，还有祝福和歌颂语。

作为手工编扎与民俗舞蹈于一体的民间技艺，湖口草龙将中华民族图腾融入传统工艺美术中，是优秀传统文化的生动缩影，既有工艺观赏性，也具备高度的表演与历史文化研究价值。

（撰稿：熊子薇）

贵溪錾铜雕刻

运錾作笔，携铜入画，手起手落间图案浮现。贵溪錾铜雕刻是我国流传甚早的传统技艺，又称铜雕、錾雕、錾铜、錾刻、铜錾刻。作为道教文化的发源地和中国铜工业中心，贵溪市享有"中华道都"和"中国新兴铜都"的美誉，厚重的道教文化和丰富的铜矿资源为錾铜雕刻技艺的传承发展奠定了良好基础。贵溪錾铜雕刻是焊火、錾刀与铜的艺术，作品介于平面绘画与立体雕塑之间，充分彰显出古色古韵、纹饰清晰、形象传神的独特魅力，是传统文化与现代艺术的结晶。

錾铜雕刻技艺历史悠久，早在商周时期，青铜礼器的錾刻技艺已较为成熟。唐代的錾雕手法、风格趋于多元化，金银錾刻达到顶峰。宋、元以后，錾刻技艺更加复杂、精致，铜雕工艺品也过渡到实用性与装饰性并行的顶峰时期，颇受世人青睐。

据《贵溪县志》载："明黄长生，字信甫，号无为子，能画，工錾刻。"另《黄氏族谱》载，明崇祯八年（1635），从事錾铜手艺的黄氏家族由四川松潘县迁来贵溪。錾铜雕刻技艺至今已在贵溪属地内传承了300多年，现主要分布在滨江镇、上清镇、塘湾镇、雄石镇等地区。数代传承人不断钻研、创新，錾铜雕刻技艺日趋成熟，逐步成为贵溪市独具地域特色的文化名片，其作品多次参加东南亚地区及我国台湾地区的文化交流活动，还屡次荣获国家、省部级大奖，《佛牙舍利塔》《降龙罗汉》被新加坡佛牙寺和中国工艺美术馆收藏。

錾铜雕刻技艺精湛，工序繁多，手工艺人以錾刀为"笔"，以紫铜板为"纸"，需心、手、力融合，指力、腕力、腰力及运气凝为一体，结合锻造、设计、绘画和錾刻，难度较大。工艺流程分为图稿设计、选料贴图、錾刻制作、成型装饰等10多道工序。所用到的錾刀类型多样，包括平錾、镂錾、圆弧錾、一字錾、弯錾、定型錾、珠点（鱼子纹）錾、麻点錾、冲子錾等。

鏨刻手法主要有平雕、浮雕、镂空雕、镌刻和镂刻。图案纹饰层层叠叠，手工艺人需依靠指法和腕力，在铜板上轻、重、快、慢地鏨刻出各具特色、纹路细腻的图案，以唐草、宝相花、攀枝莲的纹饰为主。

贵溪鏨铜雕刻既传承了古典金属装饰艺术的时代风格，又体现了当代美学，蕴含着深厚的道教、佛教元素，为研究、传播和弘扬我国宗教文化提供了宝贵的实物资料。

（撰稿：熊子薇）

贵溪鏨铜雕刻（曾博文 摄）

南丰泥炉

南丰泥炉，是抚州市南丰县独具特色的传统陶器日用品，又称南丰陶炉、南丰盐炉。南丰泥炉制作工艺讲究，造型美观，结构科学合理，加上炉底通风，锅面离火近，热能利用率可达70%以上，既节能又方便，具有做饭、取暖、炖菜等功能，成为家庭日常用品，并在当地逐渐发展成较大规模的手工艺产业。

据史料记载，南丰陶炉产于清光绪十三年（1887），距今已有130余年的历史。由于当时制作陶炉的筛灰来自包装食盐的草袋，因而陶炉有咸味，从此陶炉被称为盐炉，直至1953年又回归南丰泥炉（实为陶炉）的称谓。二十世纪五十年代，南丰泥炉的产量达2.8万只，大多是以自产自销、批零兼营的方式进行生产销售，并组建了南丰泥（陶）炉生产合作小组。七十年代末期，南丰陶炉生产快速发展，引进了机械化操作技术，生产出烧木炭的八角小盖炉。1980年南丰泥炉注册"桔城"牌商标，1987—1998年期间年产量达32.83万只，最高达50万只，并远销福建、江苏、浙江、湖北、四川、安徽、湖南等地，成为部分农村地区的生活必需品。

南丰泥炉刮坯（刘在梁 摄）

南丰泥炉制作过程较为繁琐，包括选陶、晒干、浸泡、筛灰、练陶、刨坯、割坯、焙烧、贴底等十几道工序。南丰泥炉选取优质的黏性陶土，土质灰白细腻、无砂粒、不易开裂，炉体式样美观，表面光洁，色泽乳白，炉壁还配有花、鸟、人物、山水等装饰图案，惟妙惟肖，深受大众喜爱。

此外，南丰泥炉以图案清晰、造型大方、工艺精巧、火力强、升温快等特点著称，其中盖炉（又称炭炉）最为精美。盖炉由炉托、炉身、炉门盖、炉面大盖、炉面小盖五个部分构成，主要划分为1—4号盖炉、1—3号普通煤炉、1—7号柴炉、100型和120型蜂窝煤炉四大类。炉托呈圆形，具有隔热功能；炉身呈八方形、上大底小；炉门盖有扇形、方形、腰子形等；炉面大盖为八方形，正中是八方形小孔，可调节温度、控制火力；炉面小盖与大盖相吻合，当所有炉盖盖好后，炉火即熄，密封性极强。

每项传承千百年的传统技艺背后，都是中华文化的历史缩影，南丰泥炉亦是如此。历经百年洗礼，南丰泥炉不断传承创新，虽不免遭受当代科技的冲击，但依旧在陶炉技艺领域中占据一席之地。尤其是"官记泥炉"，作为南丰泥炉最具有代表性的系列作品，在原有的制炉技艺中融入了南丰傩元素，呈现地域特色，是实现传统文化创新性发展的有效体现。

（撰稿：熊子薇）

万载夏布

"东门之池，可以沤麻。彼美淑姬，可与晤歌。东门之池，可以沤苎。彼美淑姬，可与晤语。"《诗经》中所提及的苎麻正是制作夏布的原材料，江西省宜春市周边地域多县有产，其中万载所产享有盛名，故统称为万载夏布。作为江西传统手工技艺的典型代表，夏布具有"天然纤维之王"的美誉。与外地的扁纱夏布相比，万载夏布质地更好，麻更精细、更耐用，有"柔软滑润、平如水镜、轻如罗绡"的特色。据《万载县志》（清道光版）载：万载夏布"嫩白匀净，通行四方，商贾辐辏"，曾是江西和万载县的重要经济支柱产业，被誉为江西三大特产之一。

夏布的生产历史是我国麻纺织史的一个重要组成部分。中国的麻纺织历史比丝绸更为悠久，古人最早使用的纺织品就是麻绳和麻布，麻布一直作为古人大宗衣料，因此挖掘和保护夏布生产工艺，对研究我国麻纺织发展史和服饰发展史有着重要价值。万载夏布织造技艺可追溯至东晋时期，至今已有1600多年的历史。据《万载县志》记载，万载人蔺思源发明夏布编织蚊帐，用以对抗蚊害，开拓了夏布的新用途。此后，农民逐渐改进绩麻之法，专取其纯洁之纤维，用以织成夏布。至唐朝，万载夏布被列为贡品，并且大量出口。明嘉靖年间，农民扩大种麻面积，特别是由福建、广东迁徙万载的棚民，"利用土著不耕之高岗山谷"用来"种麻种菁"。清朝时期，全县有1000多家作坊、3000余人从事夏布生产，机杼声处处可闻。光绪年间，万载宽幅夏布年产万卷左右，窄幅夏布年产4000—6000卷（一卷平均23匹），万载夏布制作技术日趋成熟，呈繁荣发展态势。

万载夏布织造技艺（汪湧 摄）

抗日战争爆发后，夏布销售渠道受阻，舶来布匹日益增多，导致店行纷纷倒闭，夏布产量逐年下降。新中国成立后，万载县人民政府从各方面积极扶持，夏布生产得到一定恢复。当前，小规模的夏布业仍持续在万载农村生产，并远销日本、韩国、法国、德国等海外市场，受到当地人民的青睐。

万载夏布的生产过程分为苎麻种植、原料制作、夏布织造三个部分，涵盖了几十道工序；器具包括刮麻具、刮浆板等原料制作工具和经纱架、刷机等布料制作工具；种植采用家种方式，种子以头麻为佳，麻田以沙地为上，一般每年收麻3次，春麻最佳，收后留根以生新枝；原料制作有取皮、去表皮等工序，全部采用日晒、夜露、泉浣等自然方法，无药品掺入；夏布织造以圆形麻纱为原料，分为绩纱和织布。

万载夏布虽不及丝绸华丽柔顺，看似粗砺，却在剥麻漂白、绩纱织布间，展示自身质朴细腻、清秀典雅的独特魅力，使传统文化在新时代焕发生命活力。

（撰稿：熊子薇）

台湾

毫芒雕刻

"合抱之木，发于毫芒"，台湾地区毫芒雕刻即是大陆所称的微雕，其名源自陈逢显 1997 年创办的"毫芒雕刻博物馆"。

做微雕时，需要透过放大镜，一刀一刀，很考验一个人的视力，同时也检验一个人的手感和稳定度。这么小的一件作品，花上个半年也是常有的事。从事这种技术，还需要技艺人有相当高的书法、素描、绘画和雕塑功底，才能熟练运用精雕工具来完成一件精湛作品。在雕刻的过程中，更是要聚精会神，一丝不苟，甚至屏息凝气。

陈逢显与微雕结缘，是在 20 世纪 60 年代初，当时还是小学生的他第一次参观台北故宫博物院，见到了清代雕刻家陈祖章的传世之作"雕橄榄核舟"，3.4 厘米长的核舟上，雕着 8 个神态动作各异的人物，桅帆绳索具备，门窗开合自如，舟底还有毫芒细刻《后赤壁赋》全文三百余字。儿时记忆让陈逢显无法忘怀，出师不久就雕出了属于自己的核舟，目前是雕刻馆里的臻品。核舟选用台湾橄榄核，只有 2.5 厘米长、1 厘米高，舟底刻上了唐诗《枫桥夜泊》和山水画。

在陈逢显的手中，不管是木头、石头，还是纸张、金属，或者是头发、蜻蜓薄翼，各种材料都能做成毫芒雕刻作品，他被誉为"台湾地区微雕第一人"。唐诗是陈逢显喜好的题材，唐诗浓缩了中国人的生命体验，他则用现代文化涵养把深邃的中华优秀传统文化浓缩在毫芒艺术里。细针上雕刻《游子吟》诗句，蜜蜂双翼铺陈唐诗二十首……他在各种材质上创作唐诗微书作品，选取中国人耳熟能详的诗作，书写或雕刻在金箔、火柴、棉线、茶壶之上，《唐诗三百首》是他最得意的作品。

陈逢显所创作的作品题材十分丰富，有微雕熊猫、微雕羊、微雕船、微雕书、铅笔微雕、筷子微雕等等。2008年底，熊猫"团团""圆圆"来到台湾地区。陈逢显认真观察熊猫的习性、仪态，耗时3个月雕刻完成只有0.7毫米大的微雕"团团圆圆"。后来它们有了下一代"圆仔"，他又把熊猫幼崽形象加了进去，成为幸福美满的熊猫"全家福"，这是他最满意的作品之一。

陈逢显每年要到大陆交流三四次，用脚步丈量大江南北。他说，要把传统文化、大陆的好山好水都收入作品，以中华之美为基础，与微雕技艺结合，让它在全世界发光发亮。其微雕作品近年在大陆引起关注，厦门博物馆收藏了他的金茶壶，贵州、福建、京沪的文创业界都盛邀他驻足创作。陈逢显说："台湾地区在文创界先走20多年，经验和养分可供大陆缩短摸索的时间，而大陆文化'处处是矿区'，政府又正不遗余力栽培两岸年轻人薪传中华文化和技艺，两岸结合是双赢局面。"

（撰稿：吴承谕）

民雄匏雕

台湾地区葫芦雕刻家潜心钻研葫芦雕刻技法，试图创造匏雕艺术的新纪元，著名的有高雄凤山的龚一舫、嘉义民雄的张家农和云林斗南的江宗庆。

葫芦雕刻最常用的三个素材处理步骤：首先是刮皮处理，采收后将葫芦表皮刮干净，以利干燥。其次是干燥处理，采取日晒法、机器干燥法。最后是防腐处理，其工序要先水煮，水煮是为了杀菌和煮去瓜本身的甜味，避免引起蛀虫；然后将里面的瓜肉及种子全部掏空后晒干，再浸泡防腐药水，所作防腐全部在瓜肚肉部分，因为所有的蛀虫是由里而生；最后防潮处理，将瓜肚肉的松软层处理成不吸潮特性。因此葫芦作为作品素材，从种植到成熟、采收、晒干、防腐共需大约两年时间。一般传统的葫芦工艺皆是彩绘传统纹饰来表现，利用葫芦浅雕透光的性质并运用现代几何图形的纹饰，呈现出葫芦艺术的纯朴之美。

在嘉义民雄做葫芦教育农园的张家农，1963 年生，中学毕业后即投身葫芦栽培，逐步引进世界各国不同品种。1984 年开始潜心研究葫芦雕刻艺术创作，从葫芦的栽培、塑形、干燥到下刀雕刻，都极为用心，不出数年，在葫芦雕刻上博得极高评价，1994 年荣获十大杰出神农奖。在他的葫芦教育农园，可以观赏奇形怪状的葫芦和葫芦雕刻艺术成品，有兴趣也可以下手试雕葫芦，同时还有葫芦水饺、葫芦鱼刺羹、南瓜米粉、葫芦排骨盅等不同风味的珍馐品尝。

（撰稿：吴承谕）

嘉义石猴雕刻

石猴雕刻艺术是嘉义的地方乡土文化特色之一，嘉义雕刻石猴已有近百年的历史，从事石猴雕刻艺术的人数居台湾地区之首，因此嘉义被誉为"石猴的故乡"。

在阿里山有座天然大石猴，嘉义山区也有许多台湾猕猴的行迹。八掌溪、濛水溪、石桥溪等河床出产各色各样的贝类、海胆化石和砂积石、石心石，这些石材纹路鲜丽，是雕刻石猴最佳材料，雕刻家利用这些石材，一锤一凿精雕细琢地呈现栩栩如生的石猴模样，每件作品均纯手工，形态不尽相同，充满着乡土艺术之美。非常难得的是这群石猴雕刻家大多皆无学院正规训练，很少有师承背景，均属自行摸索的素人艺术家，其中比较出色者有詹龙、林蕊、郭秋松、陈树勋、陈见成、杨春成、张明钦、辜铭传、侯加福、吴清山、林汉泉、刘俊庭、刘俊宾、卢文照、郭庆堂、郭文雄、詹哲雄、詹黄罗、郭拓等人。谈起嘉义石猴，就一定要提到"龙师"詹龙。詹龙 1917 年出生，靠着刻苦耐劳的毅力与艺术天分，开创了嘉义猴雕风气，他的作品巧夺天工、惟妙惟肖，深受收藏家喜爱。詹龙一生创作作品几千件，迄今尚无人出其右，被尊称为"猴雕之神"。詹龙之妻林蕊、儿子詹哲雄、女儿詹黄罗等也都是石雕艺术家。

（撰稿：吴承谕）

台南传统彩绘

彩绘属于木建筑工艺技术，用于保护木结构或壁面。台湾的传统彩绘沿袭自闽南建筑，多用于庙宇或者高门大户的建筑物。最常见并熟为人知的传统彩绘即为庙门，虽然绝大部分的庙门门神都是唐朝的秦琼、尉迟敬德，绘画风格趋于一致，但传统技法也因此保留下来。

台湾传统彩绘技师多年来整理出一套规范，彩绘前置作业的补缝、整平、加固基底层等工序，分为不使用布料的"单皮灰"与使用布料的"麻布地仗"，并以桐油灰与猪血灰来封层防水。真正的彩绘是在底层施作完成后才开始，先打底稿，之后安金、上色。所以彩绘这两个字，又可细分，必然是先绘后彩。每位彩绘作者的画风不同，呈现出来的风格也不一样，有的飘逸，有的厚重。台湾庙宇彩绘界公认的大师为潘丽水，台南人，从小即显露绘画天分，1945 年起，潘大师投入庙宇彩绘，受华北派建筑彩绘风格影响，首创将门神服饰改为汉代服饰。

从宋朝《营造法式》到清工部《工程做法则例》，彩绘被划分为"和玺""旋子"和"苏式"三种。苏式彩绘样式后被视为华南地区彩绘的宗脉，流传至今。台湾现存的几座清朝宅邸，如台中潭子摘星山庄、社口大夫第、雾峰宫保第，其彩绘样式都是苏式。

以构图原则来看，台湾地区的彩绘分为三停（"三停"是专有名词，意指三个不同区域），枋木正中称为"堵仁"，两端则称为"堵头"。若梁枋过长则分为五段，再增加两段绘彩。联结处的纹路，夔龙纹、连珠纹、盘长雷纹均很常见，底色则通常是绿底渐层，增加立体感。

总之，台湾传统彩绘的特色，在于承袭苏式风格又有自己的创新，在建筑装饰上揉合闽南特色，除了以上漆彩绘来保护木结构，还考量多层次的色泽分布，兼顾不同部位的题材配置，达到建筑美学的目的。

（撰稿：洪肇君）

神衣刺绣

台湾人普遍对宗教信仰虔诚，特别在道教与地方民俗方面，每每以人间规格来奉神，故而神明衣袍类比古代皇室朝廷，不只华丽簇新，还有等级之分。在台南、嘉义、宜兰等城市，都有神明绣庄一条街，专精于此道。

不同于苏绣、湘绣等手工艺用于女性服装，在台湾提到刺绣，一般人首先想到的就是神绣。神明衣物与一般穿着衣物的最大不同在于素描打底稿之后，于图案上填入棉絮，创造出立体感。神衣刺绣之外，另有桌帏、挂帐、宝伞和道士服均会用到立体刺绣，只是大家习惯以神绣称之。

连横先生在《台湾通史》中提到，"台湾妇女不事纺织，而善刺绣"。但当时的刺绣衣物应该只限于富贵人家或官场，真正的大型刺绣仍以奉祀神明为主。1949 年以前，台湾移民多来自福建，民间至少有十余尊神明的祖庙源自闽地，神衣刺绣技艺也多传承闽绣。

原本神绣都是手工产物，20 世纪 80 年代，台湾自日本引进计算机绣机之后，图案愈发丰富多彩，价格也跟着大降。1990 年以后，台湾人工价格飞涨，许多绣庄将工厂迁往大陆，以机器刺绣，再运回台湾销售。现在全台湾已经找不到手工刺绣的神衣了。

神明衣物服装颜色上，只有称帝或者被封为帝、君、后，方可使用金黄色、明黄色，例如玉皇大帝、天上圣母，北极玄天上帝（祖庭在湖北武当山）虽为帝，其服装却是黑色，展现道教神册里头北方属水属黑的特色。女性神明的衣款通常为橙黄或红色，闽台地区特有的"王爷"信仰，则视其"功能性"在神衣颜色上有差别，不出红、黄、蓝、白、绿五种主色。以图案来分别，五爪龙纹是帝、后的专利，王侯将相只能穿四爪金龙的蟒袍，双龙纹男女皆可用，牡丹、凤凰则为女性专属，女性神明又多会有披肩等配件。除了上述神明图案，在搭配上，也会有蝙蝠（招福）、葫芦（满福）或梅、兰、菊、竹、莲花、福禄寿三星等图案。

台湾人只要家中有奉祀神明案，必然有一张"八仙彩"，绣的是张果老等八名仙人，他们的坐骑有麒麟、仙鹤，又有各自的法器以及云纹。至于桌帏，则置于神案前的八仙桌，面向正前方，通常一立体龙头跃然而出，银麟生辉，搭配两侧的云彩环绕，是最常见的绣品。

台湾的信徒有种特殊习惯，庙宇每隔一、两年就为神明换新衣，信徒会争相出资为大庙的神明换衣，视为一种光荣。神衣的下摆，绣上某某信徒、某某公司敬献等字样，据说可以保佑平安。

（撰稿：洪肇君）

剪粘泥塑

剪粘，是将剪破的瓷片粘于灰泥的表面以形成图案；泥塑则是将黏土揉至一定密度与湿度，雕塑后干燥上彩。这两种技艺可以合体，常出现于闽南地区的庙宇装饰，用在屋顶、壁面、栏杆、牌楼等处。

剪粘又称"剪花"，华南地区的房屋装饰艺术之一。前提是要有彩色瓷片，从前是敲破上釉的碗盘，以类似马赛克拼贴手法，捡出想要的颜色来搭配，再粘于塑好的泥土上，创造出各式人像、动物或图案。台湾所有庙宇屋脊上的福禄寿三仙等，大部分都是剪粘作品。清朝时期以至民国，台湾出过不少专精的匠人。台南学甲慈济宫是公认的保生大帝台湾祖庙，保存有清朝匠师叶王的剪粘与交趾陶作品。剪粘泥塑最早是交趾陶的代替品，主因是交趾陶昂贵，且当时窑烧技术不稳定，有些交趾陶出窑之后色泽不佳、耐久性差，才被剪粘泥塑取代。

剪粘泥塑有四套工序：先视需求以铁丝或钢筋折成骨架形状，之后堆灰塑成胚体，依不同放置点的要求形成表面，可以是水泥体也可能淋搪釉药创造出亮面，最后才是剪粘瓷片于其上。剪粘泥塑的最后一套工序最考验技师手法，要取得碗盘破片，不只用木槌敲，还要视需求剪出一定形状，搭配色彩粘在胚体上。譬如浮龙探爪，龙脊处最适合剪粘，墨绿色的龙脊蜿蜒，一片片三角形脊麟尖角朝天。目前存世的清末剪粘作品，较著名的有北港朝天宫脊饰的天官赐福、三峡长福岩的剪粘三国人物、台南南鲲鯓代天府的仙女舞剑等等。

到了近代，很多剪粘作品不再用碗盘片，改以彩色玻璃甚至压克力片代替，在阳光照射下熠熠生辉，特别是花鸟虫鱼或孔雀开屏的作品，玻璃片更光彩夺目。这样的剪粘作品，发挥余地更大。若以纯泥塑来讲，在台湾庙宇的装饰中，不结合剪粘，也会单独在宫庙的花窗中呈现，毕竟泥塑的工艺技巧要求不太高，也适合大面积呈现，例如在整面的壁堵或者牌楼塑出忠孝节义传奇故事，通常是《三国演义》《五虎平西》的场景。泥塑与壁画最大的差异，就是可以做出立体感，以常见的三国故事"空城记"为例，必定有一座立体的城墙，诸葛孔明居其上抚琴。随着泥塑的发展，在台湾有部分北方式庙宇，原本素净的屋顶亦会融入泥塑装饰，算是结合台湾特色。台中林氏宗祠的印花泥塑八角窗，被公认是其中经典。

（撰稿：洪肇君）

皮影戏偶制作

皮影戏起源于汉朝，在宋代开始流行。台湾皮影戏源自福建，制作戏偶的材质以牛皮为主，与大陆北方惯用驴皮不同。闽南语称皮影戏为"皮猴戏"，并且加以改良，偶身放大，使其更具观赏性。

全台湾目前仅剩三个皮影戏团，都在高雄，其中"东华皮影戏团"创自清嘉庆年间的"德兴班"，已传承六代人。1947年，第五代传人张德成将"德兴班"改名为"东华皮影戏团"，并且对戏偶做了重大改革，偶身自1台尺增为2台尺（约66厘米高），后方映射的灯光也从油灯改为电照灯。第六代传人张榑国致力于保存皮影戏偶制作与演出技术，被高雄市文化局认定为"文化资产技术保存者"。

皮影戏偶分为三大类：人物、道具与布景，制作过程分为制皮、刻制、染色、熨烫、定缀与装杆等六道工序。首先用纸绘出图案，再覆于皮革之上，以钢针描出边缘线，再用工具刀裁下。裁下的皮革浸入水中，使其软化到一定程度，接着再用不同刀具雕出人物的口、鼻、眼、发丝等细致处，或者雕出道具的分割线。之后以木板压平，晾干后就可以为皮偶着色，在不同位置以红、绿、黑等基本色彩上色，部分衣着则上橙、蓝、紫色，颜色有轻重之分，并且要双面上色，这样在光线映照于白幕时，色彩才会均匀。着色完成，开始组装定缀，用针线缝合各部位，这个缝合不是缝布，而是在关节处先打孔，再穿线打结，要保持不同部件间一定的松动性，才能动作自如，最后组合为一个完整的偶件。装杆又是另一门学问，考虑到戏偶的活动方向与操纵者的便利，竹杆必须固定在人像的头、手部，但具体的位置就全凭经验。偶师通常都要会制偶的道理就在此，自己制作的戏偶，才能全盘熟悉肢体动作，表达出想要的效果。

同京剧一样，皮影戏偶的人物划分也是生、旦、净、末、丑，生有文生、武生、老生，旦有花旦、青衣、武旦。神怪故事中，神仙坐骑如鹿、麒麟、老虎等，戏偶要有不同的足部移动方式，如果是孙悟空要驾筋斗云，那朵云也要能映出形状。台湾改良皮影戏还出现人物骑脚踏车，车轮没法转，但骑车人的下肢要有踩踏的动作。

（撰稿：洪肇君）

制鼓工艺

台湾因为宗教信仰与民俗阵头发达，传统大鼓仍有市场，手工制鼓社还有近十家，新北市的"响仁和钟鼓厂"、彰化县的"永安制鼓工艺社"均保留古法，延续传统工艺的生命。"响仁和"成立于1929年，将近百年的老厂，从传统大鼓到现代打击乐队的木鼓都制作，甚至已成为台湾各大道场、庙宇的指定制鼓厂。"永安制鼓"1948年起迄今传承两代人，产品以太鼓、大鼓、跳鼓、车鼓、通鼓、北管八音鼓为主，在台湾中南部极负盛名。

"响仁和"制鼓名师王锡坤表示，制鼓的第一关是烫皮、削皮，牛皮取得之后，先以 80 摄氏度的热水烫皮，这个阶段是为去除腥味与杂质，之后以冷水软皮，才能进入最重要的削皮制程，手工削皮以专用的双柄削刀，依鼓的类型削至不同厚度，内层的皮要削到 0.5 厘米厚，并且必须均匀一致，光这门功夫就得练好几年。皮置于竹筛上晒干，再于周边打洞，接着穿麻绳，用传统的"八枝拉臂"（"八枝拉臂"是指一种特殊器材，外形像蜘蛛，有八根木臂，用来绷紧鼓皮）绷鼓皮，用力把鼓皮张开。鼓身为纯木头制作，像是制作水桶般，但一般是樽型，并装上至少两个铁制的桶框，桶侧还有铁环，要钻洞打入，以方便搬运。大鼓的内部要装上"响条"，一般装两条，可以让鼓声更清亮。最后才在鼓身上最后一次绷皮，同样借由拉臂，利用麻绳将鼓皮绷紧，持木槌试音。老师傅最主要的技能体现在试音，凭耳力，小槌东槌一下、西槌一下，适时调整"八枝拉臂"的松紧度，完成大鼓定音。因为皮有弹性，加上天气湿度的差异，定音过程要花二三天，确认音准都没问题，才算完工。鼓皮松紧度确认后，裁去周边多余的鼓皮，先为木桶外侧上漆，多半是红漆，漆干了，再在鼓皮边缘敲进金黄色的铜扣，至此大功告成。

　　根据阵头敲鼓手的经验，黄牛皮的鼓面比水牛皮要有弹性些。彰化县某个阵头存有 30 多年前永安制鼓厂出品的黄牛皮老鼓，保养得当，至今仍在使用。老鼓手敲鼓手法各自不同，却有共通的忌讳，例如经过丧事场地，只能敲边鼓不能敲鼓面中间，这样声音会变小变低沉，代表一种尊重。

　　如同其他行业，纯手工制鼓也遇到机器制品的竞争，所幸这个行业技术层面的绷鼓与调音、定音仍无法被机器取代，而且鼓的保养也需要人工细心维护，所以仍有其特定市场。台湾地区的狮阵与庙会阵头，鼓阵不可或缺，近年也多有年轻人加入，同时产生了如"优人神鼓"这种专业艺术团，为传统大鼓制造带来一线生机。

（撰稿：洪肇君）

传统木作（汉式）

台湾多地震，传统木结构建筑盛行，过去的木结构造屋技术沿袭自大陆，统称为"汉式木作"。木作是指"建筑物一切骨干木架的总称"，也就是以木材为主要构造材料的结构体系。在木匠这个行业，大木作指的是木结构建筑的承重部分，包括梁、柱等。相对于大木作，又有小木作与凿花两种木作工艺，重点在桌、椅、橱、柜、门窗与雕饰。

一般人欣赏汉式大木作都从"藻井"开始，行业内称之为"结网"。这是中国传统建筑里头特有的天花板结构与装饰手法，多层斗拱交织成网状的伞盖形顶棚，成于汉代，规制定于宋代。台湾现存最早的结网是鹿港龙山寺，清道光年间聘泉州师傅来台打造，16 层斗拱高达 6.5 米，周围四点金柱支撑，但因屋顶泥塑负担过重，叠斗出拱下方又加了一根梁柱。到了日据时期，北港朝天宫修建，漳州派师傅陈应彬新建一矩形八角结网，俗称"长枝八角形蜘蛛结网"，长短边不同出拱，技艺惊人。

对于木作技术保存，台湾非常重视，很早就订有"传统汉式建筑修复大木作技术与管理工匠职能基准"。台湾第一位"大木作技术保存者"许汉珍一生建庙 67 座，是现存少数具备设计、绘图与落篙能力的汉式大木作师傅，他在传统汉式庙宇兴建过程中担任现场总指挥，相当于现代建筑的建筑师。从许汉珍设计的大木栋架、结网、丈篙、榫卯构件、工具，可以完整看到汉式大木作之美。

1908 年出生的许汉珍，木作技术师承其父，因幼时家贫曾到木结构车体工厂打工，学得西式绘图技术，也曾学习钢筋混凝土应用。随着时代进步，待其有机会全权负责主修庙宇后，考虑到新形建筑材料的演进，在寺庙主结构改用混凝土，又保留木结构之美，使之完美融合。许汉珍保留汉式大木作的技术，体现在他重新投入修造庙宇之后，对于木结构的结网与柱头斗拱均细心保留并予创新。更重要的是，不同于一般匠师口传心授，他还能绘出细致的分割图，解说各部位的受力，令外行人也能看得懂。

（撰稿：洪肇君）

七

音乐舞蹈

江西

兴国山歌

兴国山歌是流传于江西省兴国县及其周边地区的客家民歌，是历代劳动人民集体智慧的结晶，是客家民系的精神慰藉和情感宣泄口，它属于明代冯梦龙所说的"民间性情之响"的范畴。

在漫长的封建社会，兴国山歌被视为"淫词艳曲"，难登大雅之堂，其缘起尚无确切的文字记载。相传，秦朝末年为修建阿房宫，秦始皇征调大批工人到南方各地采伐珍稀树木，其中部分人来到了兴国上洛山。秦亡后，伐木工人便流落在当地，成了兴国客家最早的拓荒者，他们自称"木客"。据《兴国县志》记载："上洛山有木客，形似人，语亦似人，遥见分明，近则藏隐，自言秦时造阿房宫采木者，食木实得不死。"尽管如此，并不能证明上洛山就是兴国山歌的发源地，木客伐木时所唱的伐木歌是兴国山歌的原始形式。

兴国山歌还流传着罗隐造歌本的说法，"会唱山歌歌驳歌，会织绫罗梭对梭。罗隐秀才造歌本，一句妹来一句哥"。罗隐为浙江余杭（现今富阳）人，他很有文采，但科举屡试不中，心灰意冷后便四处游历，当路过兴国潋江河时，偶然听到桥下洗衣妇人的歌声，就依照这种样式即兴作诗一首，妇人脱口而出立即回复，便与罗隐对起了山歌，几个回合后，罗隐甘拜下风，便开始记录、整理这类山歌，并对其进行加工、提炼。

同时，民间一直流传着这样的说法："唐时起宋时兴，世代相传到如今。"唐朝的黄巢之乱迫使客家先民大规模南迁，"唐起宋兴"的说法与客家先民的南迁及客家民系形成的时间大致吻合。

根据以上传说，至少能够推断出兴国山歌历史悠久，是历代客家先民在生产、生活中不断创造、积累、完善的产物。

《锁歌》

问：哎呀嘞！什么要远拉当前？什么要淡放把盐？

什么要热冲冷水？同志格，什么圆毛飞满天？

答：哎呀嘞！射箭要远拉当前，食酒要淡放把盐，

石灰要热冲冷水，同志格，蝙蝠圆毛飞满天。

（注释：锁歌为知识性的问答歌，一人唱"锁歌"提出问题，一人唱出答案"开锁"，唱词幽默、诙谐、趣味，蕴含了丰富的生活常识。）

兴国山歌生动活泼，灵活多样，且生活气息浓郁。按创作手法和内容，兴国山歌可分为锁歌、丢关音、尾驳尾、书俚歌、乱弹歌、套歌、故事山歌。其唱词结构多为"七言四句体"，其起始句"哎呀嘞"，和句尾前"同志格""心肝哥""心肝妹"等衬词相呼应。演唱兴国山歌考验的是歌手的即兴编词和反应能力，"七分词，三分唱""山歌从来有歌本，灵翻刁钻靠肚才"，因此，评价歌手技艺的高低很大程度上是由其即兴编词能力决定的。

兴国山歌代表性传承人郭德京（应姿 摄）

兴国山歌与客家民俗相生相伴、相互依存，它是祝寿、婚嫁、添丁、建房、上梁、庙会等民俗活动中不可或缺的一部分。当地大多数民间歌手都有一个特殊的身份——跳觋法师，跳觋是客家人祈福禳灾的宗教仪式，法师为了吸引旁人，常把群众较为熟悉的山歌运用到仪式当中。跳觋是兴国山歌传承的重要载体，兴国山歌与跳觋的结合印证了民俗活动在传统音乐传承中的核心作用。

20 世纪 80 年代起，兴国县不定期地举办"重阳山歌会"（兴国山歌艺术节的前身），至今已举办了 11 届，赣、闽、粤东地区操客家方言的歌手以擂台赛的形式相互切磋唱山歌的技艺。近年来，兴国县大力推动山歌进校园。2015 年，传承人郭德京应邀至中国音乐学院进行一周的教学实践；2018 年，"兴国山歌进校园"入选全国"非遗进校园"优秀实践案例。随着时代的发展，兴国山歌迎来了新的生机，呈现出多元化发展的态势。为了迎合现代审美，新创了一批具有山歌元素的歌曲，探索出兴国山歌剧的艺术形式，它们是兴国山歌创造性转化与创新性发展的成功尝试。

（撰稿：应姿）

于都唢呐公婆吹

于都唢呐公婆吹是由高低音两种唢呐——"公吹""婆吹"组成的一种吹奏乐器，主要分布在于都县的宽田乡、禾丰镇、靖石乡、盘古山镇等地区，还辐射到了邻近的瑞金、会昌、石城等县市。于都唢呐公婆吹在当地有着深厚的群众基础，常用于婚丧寿庆、盖房升学、开张剪彩等百姓日常生活场景。正如乐手广为熟知的顺口溜说道："公婆唢呐拿在手，五音六律里边有；婚丧嫁娶没有我，冇声冇息蛮难过。"2008 年，于都县被文化部授予"唢呐之乡"的称号。

于都唢呐公婆吹不同于一般的唢呐，"公吹"七孔，唢呐稍短，总长 71 厘米左右，由哨片、气闭子、天心、串子、铜喇叭、碗口 6 个部件组成，哨片略尖，音色高亢嘹亮。"婆吹"六孔，唢呐略长，总长 82.5 厘米左右，由哨片、气闭子、天心、串子、碗口 5 个部件组成，哨片呈扁圆型，音色低沉浑厚。两只唢呐一长一短，一高一低，相互配合，音色协调。演奏时，通常配以大钹、小钹、大锣、小锣、大鼓、小鼓、梆子等打击乐器进行合奏。其形制及演奏方式与福建长汀公嫲吹大致相似，都是客家人南迁和土著文化相结合的产物。

过去，艺人采用工尺谱记录于都唢呐公婆吹的曲牌，除明清以来的 200 余个传统曲牌 [四季调][反合调][尺字调][五尺调][乾调][中调][高调][满升调] 等外，还融入了当地的采茶调、采莲曲等。于都唢呐公婆吹的制作工序也十分不易，其主要步骤为伐木取材—自制木管—砍竹制天心—采芦制哨。

为保护、传承好这一文化瑰宝，于都县成立了于都唢呐公婆吹传习所，以此夯实传承阵地。还积极推动"传统文化进校园"活动，2012 年于都县长征源小学成立了红娃唢呐艺术团，并聘请传承人教学，在当地掀起了一股吹唢呐的热潮。

（撰稿：应姿）

于都唢呐公婆吹（应姿 摄）

得胜鼓

相传元末陈友谅、朱元璋大战鄱阳湖时，屯扎在鄱阳湖畔吴城的陈友谅军每逢开战即以鼓声助阵，得胜后又以鼓声报喜，得胜鼓由此得名。江西得胜鼓主要分布在宜春市万载县、南昌市新建区和西湖区。在民间，凡娶亲嫁女、生日祝寿、开业庆典、欢庆佳节及其他纪念活动，皆演奏得胜鼓，以添祥瑞喜庆氛围。

万载得胜鼓是盛行于宜春市万载县的一种民间吹打乐，演奏时常配以唢呐、锣、镲，气势磅礴，庄重热烈，铿锵有力，场面非常壮观。万载得胜鼓共分为 9 个乐段，表现请战、四将、二将、皇帝登台、游兵、下战、进城、登台退位、大小圆台等情景，在节拍、节奏、旋律、调式、音色、力度、速度上变化幅度大。其曲牌吸收借鉴了戏曲锣鼓经，代表性曲牌有 [大开门] [小桃红] [梅花三弄] [朝天子] [反三乐] [小北门] 等。现今，活跃于万载县的得胜鼓乐班有 20 余个。

新建得胜鼓，又名长寿鼓，是流行于南昌市新建区的一种民间打击乐器。其乐队编制通常由 4 个大鼓和 10 个小鼓组成，还可配以大锣、铙、镲等打击乐器。新建得胜鼓的大鼓高达两米多，取材于老樟木，蒙以整张黄牛皮为鼓面制作而成，其视听效果尤为震撼。演奏时，有 3 首固定曲目，旋律激昂、欢快、热烈。活跃于当地的象山镇得胜鼓乐队多次参加国家、省、市各类文化和旅游活动巡演。2010 年，其在上海世博园参加江西活动周踏街巡游表演，受到广大群众的一致好评。

西湖得胜鼓，又名锣鼓十八番，分布于南昌市进贤门外绳金塔、桃花镇一带。西湖得胜鼓既可单独表演，也可为民间舞蹈伴奏，演奏时通常配以长筒牛皮鼓、铜锣、钹、铛等。西湖得胜鼓的固定曲牌有 [龙抬头] [龙腾] [冲头] [回龙] [龙唤气] [龙翻身] [龙点水] [龙伏击] 等十八个番子。绳金塔得胜锣鼓队和桃花鼓艺团是现今活跃于南昌的得胜鼓队。

得胜鼓作为与百姓生活密切相关的一种民间艺术，依托于节庆及各类民俗活动而存在，其有着较高的艺术观赏价值、音乐美学价值和科学研究价值，它是百姓重要的精神慰藉，也是构建和谐社会的精神动力。

（撰稿人：应姿）

《普庵咒》佛教音乐

江西宜春是孕育禅宗文化的福地圣境，也是《普庵咒》的发源地。禅宗"一花开五叶，三叶在宜春"，佛教史上具有划时代意义的"马祖建道场""百丈立清规"皆发生于此，袁州慈化寺还被明太祖赐为"天下第一禅林"。目前，宜春拥有禅宗两大名寺、三大祖庭、十大寺院和上千座佛塔。

《普庵咒》是唯一一首由中土僧人创制的咒语，为南宋时期袁州（今江西宜春）南泉山临济宗第十三代传人普庵禅师（1115—1169）依梵音韵调和经咒内容制成，原名《普庵大德禅师释谈章神咒》，世人称之为《释谈章》

《普庵咒》佛教音乐（胡晓东 摄）

或《普庵咒》。相传此咒十分灵验，具有普安十方、驱除虫蚁、蚊蚋不生、消灾解厄、镇煞安胎、驱邪除秽、逢凶化吉之功效，常予持诵可令风调雨顺、五谷丰登、六畜繁殖、万事如意，驱虫功效是此咒的一大特色。

《普庵咒》有两层含义，一是佛教咒语的《普庵咒》，二是具体音乐作品的曲目或曲牌。《普庵咒》佛教音乐多以人声诵唱为主，用法器击节，常用的法器有：钟、鼓、铃、板、梆、木鱼、引磬、大磬、铛子、铙钹、铪子、香板等，偶有法螺吹奏。随着佛教的兴盛，《普庵咒》逐渐"由释入俗"，在民间得以广泛传播，并植入弦索、丝竹、鼓吹、戏曲、曲艺等多种音乐形式中，形成了一个数目庞大、品类繁多的《普庵咒》同宗家族。

江西地区的《普庵咒》以寺院唱诵、琴箫合奏的形式而存在。《普庵咒》在宜春慈化寺内部有着较完善的传承谱系，至今已传二十二代，得益于稳定的传承场域和严密的师承体系，《普庵咒》整体存续状况良好。目前，袁州慈化寺已在上海建立普庵园精舍，用以推广普及《普庵咒》禅乐文化，将其发扬光大。

（撰稿：应姿）

龙虎山正一天师道道教音乐

道教形成于东汉顺帝年间（126—144），创始人为张道陵。江西是道教圣地，道教文化源远流长。位于江西省鹰潭市的龙虎山，道教称其为第三十二福地，是道教天师道的发源地之一。龙虎山天师道道教音乐在道教史上有着极重要的地位，随着天师道的传播，还影响了苏州、无锡、上海、广州、福建、台湾和新加坡、马来西亚等地的道教音乐。

龙虎山正一天师道将整个道教科仪音乐分为经韵、器乐和法器三大类。经韵又根据其表演的内容、对象、场合的不同再细分为"阳调""阴调"两大类。"阳调"运用于阳醮类科仪，内容是祈福和修道成仙之类；"阴调"运用于阴醮类科仪，内容是悼亡和度幽超升之类。其使用乐器有笙、箫、笛、管、二胡、琵琶、阮、三弦、扬琴、古筝、鼓、镲、铙等，再配合一些宗教法事中常用的如木鱼、铛、手铃等，它们既是乐器也是法器，在仪式中常常被赋予神秘的色彩。

龙虎山正一天师道道教音乐具有"虚、柔、淡、和"等显著特征，且逐步由虚无玄妙的道教仙乐向生活气息浓郁的世俗音乐转变。目前已收录经韵曲目上百首，器乐曲牌、法器曲牌各数十首。常用的经韵曲目有《请水文》《澄清韵》《迎请师尊赞》《安龙奠土宣意偈子》《净秽咒》，器乐曲牌有［小开门］［小过场］［路罡调］［乙字大开门］［小桃红］［山坡羊］［柳腰金］，法器曲牌有［四界］［锣钹偈子］［三声锣］［五声锣］［九声锣］等等。其部分曲目、曲牌移植、借鉴于弋阳腔和赣剧，因而显示出浓郁的赣鄱文化特色。

纵观龙虎山正一天师道道教音乐的历史，就是一部不断吸收、融合江西及其他地区民间音乐用以丰富自身的发展史。除民歌、弋阳腔、赣剧、道情外，还广泛吸收了昆曲、江南丝竹、苏南吹打等民间音乐之精华，从而形成了独树一帜的龙虎山正一天师道道教音乐。

（撰稿：应姿）

龙虎山正一天师道道教音乐（熊雄 摄）

鄱阳渔歌

鄱阳湖位于江西省北部、长江中下游南岸，古称彭蠡、彭蠡泽、彭泽，是我国第一大淡水湖，经湖口县注入长江。鄱阳渔歌源于宋代，盛于明清，盛行于余干、鄱阳、都昌、湖口、南昌等鄱阳湖水域流经的地区。沿湖而居的赣鄱百姓以渔业维持生计，在日常劳作生活中创造了丰富多彩的鄱阳渔歌，留下了"鄱阳湖上好风光，风帆飞去水天长；渔家笑唱丰收乐，歌声满月鱼满舱"的动人歌谣。

鄱阳渔歌包含号子、小调、山歌等民歌体裁，题材涵盖开船、行船、推船、拖船、拉纤、采莲、放鸭、织网、补网、撒网、捕鱼、撑篙、荡桨、摇橹等，唱词描述了渔事生活的各种场景。鄱阳渔歌结构短小精悍，以方整性对称为主，唱词多为七言四句体，兼有二句体、多句体等，唱词中大量运用比兴手法，节奏自由，旋律优美，以徵调式居多，演唱形式有独唱和对唱两种。

鄱阳渔歌（程鹃 摄）

《粉蒸鳜鱼真难求》

高山落雨（也嘿）四方流（喂嘿），

粉蒸（个）鳜鱼（也咳）真难求（喔），

我若要（个）求的（也咳）鳜鱼到（喂），

真是（个）花开（哟嗬）结石榴（喔）。

（注释：此曲在行船荡桨或在草坪打草时演唱。"鳜鱼"有双关的含义，谐音"闺女"。"结石榴"是比喻，比作爱情的结晶。）

随着城市化、现代化进程的加速，鄱阳渔歌失去了赖以生存的土壤，其传承面临着严峻挑战。为推动鄱阳渔歌的创造性转化和创新性发展，2019年，江西省文艺志愿者协会启动了《鄱阳渔歌新唱音乐专辑》原创歌曲征集活动，推出了《鄱湖谣》《鄱湖人家》等优秀作品，深受人民群众的喜爱。

（撰稿：应姿）

江西傩舞

傩是一种古老的驱鬼逐疫、祈福纳吉的宗教仪式，广泛流传于江西、湖南、湖北、贵州、福建、四川、甘肃等地。江西傩也称"赣傩"，在中国傩文化中有着深远的影响，傩舞、傩仪、傩歌、傩面具皆是傩文化的重要组成部分。

江西傩舞以南丰跳傩、乐安傩舞、婺源傩舞、萍乡耍傩神最具代表性，通常在春节期间举办。各傩班开展傩事活动有一套完整的仪式，表演时戴以面具，动作刚健、古朴、粗犷，表演形式主要有单人舞、双人舞、三人舞、群舞等。

南丰县是著名的"傩舞之乡"，据《建昌府志》《南丰县志》记载，汉代长沙王吴芮军山传傩，把傩带到了南丰。南丰跳傩源于汉代，盛于明清，其面具总量达 180 多种，有驱疫神祇、民间俗神、释道神仙、传奇英雄、精怪灵兽、世俗人物等。南丰跳傩节目极为丰富，有单人舞的《开山》《魁星》《纸钱》《判官》；双人舞的《和合》《傩公傩婆》；有群舞的《跳竹马》《跳八仙》；还有戏剧节目的《封神榜》《白蛇传》《孟姜女》等。1985 年，南丰傩班多达 108 个。1996 年，文化部命名南丰为"中国民间艺术傩舞之乡"。

乐安傩舞源于汉代，盛于清代，主要分为三派：流坑村的玩喜、罗山村的戏头鼓和东湖村的滚傩神，其中尤以滚傩神历史最为久远。乐安滚傩神有 18 副面具，与其他傩舞不同，其所戴面具不是整个罩住面部，而是由上额下嘴两个断片组合而成。乐安傩舞的主要表演节目有 8 个，以《鸡嘴》《猪嘴》最具特色。基本动作有握步、踢腿蹲裆、反弹射箭、拂脸甩手、三关手、五辽拳、掌诀、剑诀等，都含有特定驱邪的意义，变化繁复，原始神秘。

婺源傩舞亦称婺源"鬼舞"或"舞鬼"，源于唐代，盛行于明初，兴盛时期，有"三十六傩班、七十二狮班"。当地狮班舞狮又跳傩，狮傩同演，又称"狮傩班"。婺源傩舞面具共 200 多个，节目 60 余出，其中既有原始的表现迎神驱鬼的《搭架》《追王》，又有反映神话故事民间传说的《开天辟地》《太阳射月》《孟姜女送寒衣》《刘海戏金蟾》《丞相操兵》《关公磨刀》，模拟动物习性的《舞仙鹤》《双猴捉虱》，还有一些表现嬉戏玩耍和棍棒对打的《单棒》《双棒》《舞小鬼》及模仿农耕狩猎动作的《耕田》《捉鸟》等。起初，婺源傩舞的服饰采用明朝夏布制作的花衣，后来受当地徽剧和目连戏的影响，部分改用戏曲的蟒袍。

萍乡素有"五里一将军、十里一傩神"之说，从赤山镇石洞口《杜氏族谱》中有关"傩自周始"的记载和彭高镇出土的商周甬钟，证明萍乡上栗的傩祭活动始于商周时期。明、清时期，萍乡傩事活动十分繁盛，清乾隆、道光年间所修的《萍乡县志》中留有"乡人乃傩"的记载。萍乡地区的傩事活动称为"耍傩神"，目前主要分布在江西省萍乡市上栗县、芦溪县和安源区的乡镇村落。萍乡耍傩神的面具有 700 余枚，节目约 40 折，如《点将发兵》

《将军比剑》《太子耍刀》《钟馗驱邪》《土地赐福》《二王对笏》《福主奏本》《判官捉鬼》《和尚道士观风水》《雷公电母呼风唤雨》《班师回朝》等。其表演动作以"跳""仰""踩""翻""转""旋""摇""摆"等相互配合而完成。

南丰跳傩、乐安傩舞、婺源傩舞、萍乡耍傩神是赣鄱百姓日常生活中喜闻乐见的群众文化活动。随着现代社会的发展，兼具庄严傩祭之礼和古朴傩神之舞的江西傩舞，逐步从巫术向艺术、娱神向娱人、神学向美学发生转变。自二十世纪九十年代以来，国内外学者十分关注江西傩文化，为此多次专程来江西考察。2016 年，南丰石邮傩班走进国家大剧院，与北京舞蹈学院青年舞蹈团队联合表演新创作品《傩·情》。石邮傩班还曾多次应邀赴日本、韩国、法国等地传播江西傩文化。在文化主管部门的重视下，作为傩舞文化空间重要载体的傩庙也被列入文物保护单位，得到了较为妥善的保护。

（撰稿：应姿）

萍乡耍傩神《仰傩神》（彭学萍 摄）

吉安灯彩

江西民间一直流传着"吉安灯彩抚州傩，赣南采茶九江歌"的歌谣。江西灯彩活动十分丰富，清代进入鼎盛时期，有"无灯不成节"的说法。吉安地区的灯彩以动物类的灯彩舞蹈为主，其形式有鲤鱼灯、鳌鱼灯、龙灯、虾公灯、狮子灯等。

鲤鱼灯亦称"五鲤跳龙门"，是吉安县固江镇一种古老的民间灯彩。相传起源于"龙女化鲤"的神话故事，体现了人鱼和谐共存的美好意愿。当地百姓视鲤鱼为吉祥的象征，鲤鱼灯以"鲤鱼跳龙门"的故事为线索，其活动通常在元宵期间开展。鲤鱼灯由一只鳌鱼作头，一只青虾为尾，中间为金丝鲤、红鲤，每人一灯，数十人表演。其灯形美观，装饰艳丽，眼、腹、尾部往往装置有灯珠，尤其适合于夜间表演。表演时，村民统一着装，穿汉族传统对襟服装，扎头巾、绑腿、系腰带等，场面热闹非凡，伴奏乐器有大锣、小锣、大鼓、小堂鼓、唢呐等，常演奏［大武队］［双如意］［风入松］［得胜令］等曲牌。其音乐根据舞蹈情节和动作而变化，一个花节更换一个曲牌。鲤鱼灯的花节在鱼群出游、穿花戏耍、争跳龙门和欢庆胜利章节中表演，共16个花节。

鳌鱼灯是吉安市吉水县盘谷镇谷村独有的民间灯彩，在当地已传承500余年。1628年，兵部侍郎李邦华因治军有方，受到明代崇祯皇帝嘉奖，升任兵部尚书。此时，农民起义风起云涌，关外清兵虎视眈眈，忠君报国的李邦华为全心治军，毅然遣家眷还吉水谷村老家。崇祯皇帝感其忠心，赏赐鳌山灯彩，由李邦华家眷归家玩赏。鳌鱼灯由鳌鱼、麒麟、狮子、黄龙组成，通常为8人掌节，其表演在春节期间举行。其表演生动演绎了鲤鱼、麒麟、狮子、黄龙在寻龙门、戏龙门、跳龙门过程中，历经迷茫、追寻、奋进，最后成功跃过龙门，变成一种由龙头、麒麟身、狮子腿、鲤鱼尾组成的神兽——鳌鱼的神话故事，也寄寓着"独占鳌头"的美好愿望。其花节有团

吉安灯彩　鲤鱼灯（戴瑞其 摄）

龙、会圈、踩四门、踏之字、举龙、打龙、步桩、传龙、戏珠等。1986 年，上海科技制片厂拍摄《江南索秘》，鳌鱼灯登上荧屏。除民俗节庆活动外，鳌鱼灯还活跃于当地民众的日常生活中，公园、景区无不活跃着鳌鱼灯的华丽身影。

　　龙灯、虾公灯、狮子灯也是吉安地区民众喜闻乐见的民间灯彩，这些千姿百态的灯彩形式共同丰富了人们的娱乐生活、滋养了人们的精神风貌，制灯、舞灯之习在庐陵大地上世代相袭。

（撰稿：应姿）

永新盾牌舞

　　永新盾牌舞是流传于吉安市永新县及其周边地区的一种民间舞蹈，是集音乐、舞蹈、武术、杂耍、造型于一体的男子群舞，动作粗犷、雄健、彪悍，队形变化多样，具有浓郁的民族特色和磅礴的战斗气势，在永新南乡的南塘村一带，曾有"不练盾牌不是男子汉"之说。

永新盾牌舞的源头可追溯到汉代，在那时的画像中就有"盾牌舞"。宋代孟元老的《东京梦华录》清楚地记录了当时"盾牌舞"的表演盛况："有花妆轻健武士百余，前列旗帜，各执雉尾、蛮牌、木刀，初成行列……出场凡五七对，或以枪对牌、剑对牌之类。"其所说的"牌"即是"盾"，永新盾牌舞就是在其基础上发展而来的。

据《永新县志》记载："盾牌在明朝以前，是境内流行的一种武术器械，供习武防身用。"传入永新后的盾牌舞，由男子集体表演，全程主要由八个阵式组成："四角阵""一字长蛇阵""八字阵""龙门阵""荷包阵""黄蜂阵""搭牌""打花牌"。阵式布局巧妙严谨，造型神采各异。出阵打盾前，也有一整套祭祀仪式，庄重肃穆，即：在宗祠内摆好香案，打盾的男子排队进祠堂，族公点燃香火，杀鸡滴血盟誓。在表演过程中，不断响起铿锵作响的短刀响环声和演员们"嗬嗬"的呼喊声，对营造热闹气氛起了很好的烘托

永新盾牌舞（陈虹 摄）

和渲染作用。其风格特征可用八句话概括：

桩马落地稳如山，手舞脚动柔且刚；

镲来盾挡套路明，刀光闪闪声威壮。

八个阵式变幻多，或攻或守章法强；

拼杀一阵复一阵，人吼马嘶气势狂。

永新盾牌舞是赣西南山区民俗民风的一个历史缩影，表现了坚韧不拔、自强不息、勇敢善战的民族精神，同时也作为一种强身健体的体育活动，丰富了民众的精神文化生活。

（撰稿：俞卫娜）

大余旁牌舞

大余旁牌舞是一种罕见的集武术健身和表演于一体的民间军事舞蹈，它以康氏宗族活动为依托，保存着古代两军对垒破阵、互相攻守的情形，堪称"活"的舞蹈文化和民间艺术。大余县位于江西省西南端赣粤交界处，地处章江上游，庾岭北麓，是典型的客家县，而康氏宗族则主要聚居在位于大余县西南部章水上游的吉村镇。

旁牌舞，起源于明朝抗倭名将戚继光在与北方鞑靼部落实战中创立的一种战术动作。据康氏族人讲述，旁牌舞的传入有两种说法：一种说法是，明万历十年，戚继光被贬为广东总兵，在去往广东的路上途经大余县（原南安府），停留期间，康氏家族从小喜欢舞枪弄棒的康明生找戚继光的部下钟仪凤拜师学艺，习得了旁牌舞、岳家拳、棍等，随后带回吉村镇小井湾康屋，传授给康氏族人；第二种说法是，明万历年间，康明生在南京拜钟仪凤为师，学习岳家拳、棍、刀和旁牌舞等，学成归来后传授康氏族人，传承至今已有四百余年。目前，第二种说法较为流行。

在康氏一族中，旁牌舞已融入宗族日常活动中，他们把每年的旁牌舞叫作"开牌"，即：将旁牌舞表演和祭奠祖先融为一体，使"开牌"成为极具仪式感的活动。在以前，一年"开牌"两次，一次是农历八月十五中秋节，此次"开牌"起到组织人员练习旁牌舞的作用；另一次是正月初一，此次"开牌"从头年的农历腊月二十左右开始准备，是康氏家族的重要仪式。主要的"开牌"仪式有"沐光仪式""省贡仪式""祭祖仪式""扫墓仪式""旁牌舞表演""燕飨宗亲"六个仪式。

旁牌舞主要由阵式表演和击刺表演两大内容组成。阵式表演的内容主要有"圆窝""长窝""四方""一字"四个阵式，它们布局各异，彼此独立又相互联系。击刺表演分三种组合形式进行，第一种由持旁牌的步兵分别与持双斧、双刀、双铜、钩镰、扫子等短兵器的步兵对打；第二种由持旁牌步兵与持棍、长刀、把等长兵器的步兵对打；第三种由持长短兵器的步兵对打。三种组合形式表演对打套路基本相同，兵器分为防御性兵器（如圆形旁牌、燕尾形旁牌）和进攻性兵器（如刀、棍、枪、双斧、双铜、花耙等）两种。

旁牌舞的伴奏以赣南客家传统打击乐器大鼓、小鼓、大锣、小锣、大

大余旁牌舞（吴波 摄）

钹、小钹为主，伴奏曲牌称［过三板］。音乐主要根据舞蹈动作的需要，体现出力度上的轻重缓急，有张有弛，强弱变化得当，形象地烘托出紧张激烈的战场气氛，增强了舞蹈表演的艺术效果。

（撰稿：俞卫娜）

台湾

客家八音

八音原指"金、石、丝、竹、匏、土、革、木"8种乐器材料，现用来泛指使用中国传统乐器的演奏方式或团队。加上"客家"二字，是为与"闽南八音""福佬什音"做区分，大家所用乐器差不多，差别在曲风。

客家八音以鼓吹乐为基本形式，以锣鼓乐加上唢呐类吹奏乐器。唢呐占有重要地位，通常为领奏，相当于指挥的作用，让整个乐团跟上节拍，高亢的声音一起调，后面的丝弦锣鼓便华丽跟上。

演奏内容概分为"吹场乐"和"弦索乐"。"吹场乐"就是鼓吹乐，用唢呐和打击乐器为主，实际就是吹管乐与打击乐的结合，多见于祭典、迎送神灵、宾客及庙会演奏。"弦索乐"则多用于北管戏以及纯乐器演奏，等同于小乐队合奏，带有表演欣赏的性质，内容广泛，常用于戏剧伴奏。由于乐器多而人数少，头手和打击手必须身兼两种以上乐器。

就客家八音而言，台湾南部和北部在使用乐器和编制上又有差异。南部高雄屏东一带的客家八音，小而精简，使用乐器有唢呐、二弦、胖胡、大锣、小锣、小铮锣、梆子、堂鼓，编制通常为4人。北部桃竹苗地区的客家八音，文场会用到唢呐、壳子弦、和弦、吊鬼子、三弦、扬琴、喇叭弦、秦琴、笛子等；武场会有单皮鼓、梆子、竹板、通鼓、小钹、大锣、小锣、小铮锣等。编制上以6人最常见，至多到8人。演奏内容含鼓吹乐、民间小曲、大戏等。

客家八音的乐曲有浓厚客家色彩，主要是客家人在不断迁徙过程中，融合了各地的音乐特色，与其族群交融，丰富了音乐多样性，同时产生出自己的客家风味。譬如客家人重视传统礼仪，八音乐团依岁时节令与演奏场合，在起天神、接妈祖、中元普渡与建醮时，需要隆重的音乐来配合，此时常见曲目有《大团圆》《大开门》，一听就迥异于闽南风格。

客家八音的全盛时期，台湾南北有超过 20 个班子，主人家有时会故意"堵班"，即一次找来两个以上团队，使其竞争。于是客家八音班铆足全力，比曲目比技巧，出现过一人能吹双唢呐甚至四唢呐的奇特场面。

台湾在 2010 年公告"客家八音"为重要传统艺术，2016 年指定"美浓客家八音"为重要传统表演艺术。

（撰稿：洪肇君）

泰雅与太鲁阁口簧琴

"簧"这种乐器，据推测在新石器时代晚期就出现了。《诗经·小雅》有"巧言如簧"，中国古代则有"竹簧""铁簧"。在台湾少数民族的乐器中，以泰雅、太鲁阁的口簧琴最为著名。

口簧是依赖竹片弹动共鸣，一般在长薄竹片上刻出簧舌，舌根扁薄，舌尖细长是发音部位。簧框在近舌根外的一端为股部，近舌尖外的一端为首部，是手的执持部位。框主要是竹制的长薄形，用来弹拨股部发音，也可以拉拽股部的线来发音。台湾少数民族目前有 16 个，其中 15 个有使用口簧琴的记录，只有兰屿岛上的达悟人不使用口簧琴。口簧琴在泰雅、太鲁阁被广泛使用也最为有名，吹奏之外，也常被用来作为青年男女定情的信物。多片制的口簧配有小竹筒，竹筒表面花纹精致，可随身携带，以便在需要的场合演奏。

泰雅口簧琴以其多簧而著名，传说可至 8 簧，但目前文献至多仅记录到 6 簧，现代泰雅人已尝试制作全套包括竹台单竹簧、竹台簧金属簧、2 簧、3 簧、4 簧到 8 簧的口簧组。多簧乐器的簧片音高，调成与泰雅传统音乐音阶的排列相同，即"大二度－小三度－大二度"。泰雅口簧琴会搭配特殊的口簧舞，男女相对，一面演奏口簧琴，一面左右抬脚随着音乐节奏踏跳。

由于常在大山上打猎，讯息传递不便，有时隔着一座大峡谷，人可以遥遥相望却难通音讯。因此泰雅人发展出口簧声音代替语言的方法，通过口簧琴的指定乐音，可以互相联系。也有一种说法，说是泰雅青年男女谈恋爱，用口簧琴的乐音表达心意，说悄悄话不让外人得知。但现在已经很少人记得祖先流传的口簧琴乐音密码了。

太鲁阁人居住地以花莲县太鲁阁山区为主。太鲁阁口簧琴较为常见的有竹口簧、单铜片口簧、2铜片口簧、4铜片口簧、5铜片口簧。6、7、8铜片的口簧较少见，而且传说因为3在太鲁阁语中是不吉祥的数字，所以没有3簧口簧琴。

（撰稿：洪肇君）

台湾少数民族人声吟唱

现在提到人声吟唱，有一个流行名词叫作"阿卡贝拉"，实则在台湾的少数民族当中，吟唱传统歌谣一直是他们血液中流淌的一部分，最有名的当属布农人的八部合音。

八部合音是台湾南部布农人的祭典音乐，但也只有峦社群与郡社群有这个传统，并且一代一代流传不辍，偏北的三个社群（部落）就完全没有和音唱歌的概念。八部合音最有名的曲目是《祈祷小米丰收歌》，8名男子执手相连成一个圆圈站立，用单口腔喉音加多声部合音唱法，发出o、e、a、i等元音，从低音部逐渐上升，一直唱到最高音域。根据台湾音乐学者的研究，八部合音一开始只有四部，随着胸腔共鸣加强，强化基音声部以上的泛音，最后达到八部的效果。

除了布农之外，其他少数民族也都有人声吟唱，只是不像布农人这么"团体化"且有合音标准。马兰阿美人的复音吟唱，由祖先流传下来，是凝聚族群意识、传承部落文化的展演形式。复音歌谣传统性唱法出现于农耕、生活及祭典中，领唱者为领导者或擅唱者，声音高而清澈者唱高音部，余众可唱低声部。传统马兰复音歌谣团体分成两种，一是男性老人于丰年祭时所唱，另一类是拜访歌、除草歌或是除丧歌、治病歌等，可由伴工团或夫妻演唱。

世居于嘉义阿里山的邹人是狩猎民族，其代表性活动为每年七月的"玛雅斯比"祭典，也称战祭。祭典中，会由老人、战士吟唱祭典歌曲。邹人的歌谣可概分为祭歌、历史歌谣、生活歌谣与宴饮歌谣，但因缺乏文字记载，目前流传古歌谣只剩七八首，都是在"玛雅斯比"祭典中使用。

长居台湾南部山区的排湾人以琉璃珠工艺出名，他们的歌曲源自大山上互相沟通以及情侣爱恋，歌谣几乎都是在传统婚礼上演唱，分为独唱、齐唱、合唱、领唱与回应。歌词即兴创作，讲究要含蓄而不露，即使表达爱意也要用隐喻的方法，因为排湾人认为，有教养的男性必须谦卑。

（撰稿：洪肇君）

南管北管音乐戏曲

南管、北管俱为流传台湾已久的汉族传统音乐。南管源于泉州，上溯汉唐，因西晋永嘉之乱，衣冠南渡，再传至台湾；北管属梆黄剧种的乱弹戏，在台湾，只要不属福佬或客家音乐，带有官话性质的都被归类为北管。台湾将南北管都列为传统戏曲，南管是雅乐，沉静内敛，北管是阵头乐，迎神赛会、婚丧喜庆都可以用得上。

南管以 5 人合奏为主，乐器为拍板、琵琶、三弦、洞箫、二弦，5 种乐音不相杂沓，却能相辅相成，既有纯乐器演奏的乐曲，也有执拍者歌唱的曲目。乐风高雅，有"千载清音"之誉。所谓传承千载，不是一句空话，南管在福建又称南音、南乐，经考据源于汉朝的"相和歌"，与《晋书》记载"丝竹更相和，执节者歌"一模一样，"节"就是拍板。

到了隋唐，梨园大盛，历史记载的乐器就有 3 种跟现在的南管乐器相同，分别是拍板、琵琶和尺八（就是长一尺八寸的洞箫）。唐朝的大曲，其音乐特征也和南管相符，包括拍法变化、速度渐变原则和三部结构。

清康熙年间，福建籍大学士李光地曾邀南管乐团上京演奏，甚获皇帝嘉许，欲留他们在京却遭婉拒，从此南管演奏者有"御前清客"之名。至今，台湾的南管乐团演奏时仍在后方置明黄宝伞，代表曾经直达天听。

北管也是从福建传入台湾，音乐类型主要有牌子、幼曲、弦谱、戏曲等等，主要表现形式为以音乐伴奏的人声戏曲，其中西皮派又和京剧的曲调相近，曾有学者戏称北管是京剧的"乡下表哥"，其戏曲唱腔则对台湾的歌仔戏、布袋戏影响甚大。

北管分为"四平"与"乱弹"两个剧种，前者在台湾已近失传，故北管可以直接称为台湾乱弹戏，在戏剧分类上又可分为"梆子体系"与"皮黄体系"。演出形式可分为"排场""出阵""梨园登台"。排场只有唱奏而无动作，亦称摆场；出阵是在庙会活动跟着队伍做流动式表演；梨园登台就是完整的戏剧演出，要在庙前广场搭台，演员粉墨登场。

就歌仔戏形态而言，北管又分为"扮仙""正戏"和"小戏"，扮仙是正戏开始前，扮演神仙开场，正戏则有上百出戏码，小戏等于是小品，以笑闹或歌舞表演为主。

北管乐器划分颇细，有皮类、铜器类、弦类、吹类、弹拨类、打击类等等，昆曲中会用到唢呐，是与南管最大的不同。唢呐在吉庆戏当中，常能带起高亢的情绪，故最常用于军阵戏、锣鼓乐。

（撰稿：洪肇君）

木鼓

木鼓是台湾少数民族的木箱形体鸣乐器，最早被用于示警，后来变成可敲打节奏的乐器。有趣的是，这种乐器还有"公""母"之分，体粗身长、音质浑厚的是母鼓，体积略小、声音清脆的是公鼓。以结实的木棍棒或竹节来敲出节拍，在舞蹈时用来伴奏。

台湾的少数民族早年生活物资缺乏，没有铁器铜器，能用来制造乐器的材料便只有木竹之属。泰雅人认为，木鼓是从泰雅妇女的织布槽演变而来。织布槽附于织布机，为长方体扁形木箱，要敲打时，搬出来即成，一物两用，拿木棒或木杵敲击中心处，可以发出厚实的声音。阿美人又独有一种裂痕鼓，是将山中腐烂的大树根两端切开，中间会有一条自然裂痕，此外还有另一种竹制裂痕鼓，用两根系绳的小木棒敲击闭口的裂痕鼓发出声音。

　　木鼓的材质通常都选用樟树或茄冬树，厚重且不易腐烂。木鼓是用木棒敲打鼓身来发出声音，故木棒一定要是实心而且具有一定重量，不能用空心棒子、竹节。木鼓又必须有架子，以免因大力敲击而位移，架子跟地面有空隙，更容易发出声音。木鼓有圆有扁，击打时的手感也不一样，像泰雅的都很扁，阿美的比较圆。

　　敲打木鼓都是采立姿，木鼓摆在地上，演奏者随节奏摇摆，双脚还随着节拍小范围移动，边敲还能边吟唱。练习木鼓要从基本的节奏感练起，对于旋律、节奏、打击方式都要熟悉，才能打出木鼓的震撼力和流畅感。

台湾木鼓表演（陈子发 摄）

故老相传的木鼓鼓点，代表不同意义，有的是叫集合，有的是警示有外敌入侵。负责敲打的人必须熟知这些技巧，才能忠实表达呼唤大家的含意。阿美人传统丰年祭中，一开始要呼唤四散的族人集合，就使用木鼓敲出鼓点，族人听到鼓声，迅速来到广场集合。

　　新一代的少数民族音乐人才研究出木鼓特色，在制作木鼓时就找出厚薄处，再利用厚薄不同的鸣音原理，抓出不同音阶，展现更丰富的木鼓风情。花莲"槟榔兄弟"乐团的阿美乐手张子祥，就将木鼓定音到 5 个音阶，利用两根木杵，在木鼓的中心点、两侧灵活敲击，创造出更活泼的鼓声演奏曲。

（撰稿：洪肇君）

八

戏曲曲艺

民俗文化

江西

弋阳腔

"当"的一声锣响,"咿呀"一声二胡,"啊呀"一声开腔,唱着入戏,听着入迷。

号称中国地方戏曲之祖的弋阳腔,又称"高腔",它扎根于江西省上饶市弋阳县,以信州人文为底色,融入深厚的江右文化大背景;它质朴而不粗率,激情澎湃,汪洋恣意,以强烈的冲击力,震撼着广大戏迷的灵魂。

在北宋末年的宣和年间和南渡之际,南戏产生于浙江永嘉(温州),当时又称"永嘉杂剧""温州杂剧"。南宋中期,南戏传入江西,在弋阳地区结合当地方言和民间音乐,于元末明初孕育出一种新的地方声腔弋阳腔。弋阳腔与昆山腔、余姚腔、海盐腔并称我国四大声腔。若用一句话概括弋阳腔的表演,那便是"台上唱腔多变,铙鼓喧天,扣人心弦;台下座无虚席,大家凝神静听,时而欢喜大笑,时而惆怅叹息,时而悲伤掬泪……"

弋阳腔从形成之日至明嘉靖末年,便从西向、东南向、北向三个方向开始传播,该阶段连台大戏《目连传》《三国传》等的登场,标志着弋阳腔戏曲的完全成熟,此乃弋阳腔发展的第一个高峰。清初,弋阳腔掀起了第二个高潮。康熙三十五年(1696),江西临川人傅涵从扬州返乡,途经广信府,一路上见信江两岸处处传唱弋阳腔,作诗记兴:"弋阳腔调太分明,去听吴音点拍轻。羊角小车上饶过,南门路向北南横。"道光三年、四年、九年连续有文献记载,弋阳腔在玉山、鄱阳、弋阳三地"演剧祭神,城隍庙弦管之声不觉昼夜"。同治、光绪时期(1862—1908),邻县万年、贵溪、乐平、浮梁、广丰、横峰纷纷建立了本地班社。当时,由于乱弹及秦腔的兴盛,弋阳腔便吸收了乱弹音乐,组成高、昆、乱多声腔剧种,开辟了中国戏曲文化的广阔道路。

　　生在民间、活在民间的弋阳腔，在广阔的农村田野和长期的露天戏台实践中，形成了属于自己的艺术形式和表演风格。明戏剧家汤显祖说"其节以鼓，其调喧"，即言弋阳腔为锣鼓伴奏伴有人声帮腔。凌濛初言"江西弋阳土曲，句调长短，声音高下，可以随心入腔"，即充分反映了弋阳腔有格律而不为格律所限，声腔自由，随心歌唱，且可任意行腔的声腔特色。同时，又因弋阳腔能入乡随俗，吸收土腔土调，丰富唱腔曲调，适应当地群众的欣赏习调，而在民间广泛传播，并先后对14个省份的40多个剧种产生了影响，在我国的戏曲历史舞台上烙下永不磨灭的印记。

（撰稿：俞卫娜）

弋阳腔（汪湧 摄）

九江青阳腔

明嘉靖年间 (1522—1566)，弋阳腔流入安徽青阳后，与当地流传的戏曲声腔、地方语音、民间音乐、宗教音乐等相结合，诞生了青阳腔。青阳腔被视为中国戏曲发展的里程碑，它哺育了川剧、湘剧、徽剧、赣剧、清戏、京剧、黄梅戏等戏曲剧种的形成。明隆庆至万历年间（1567—1620），青阳腔由安徽青阳传至江西九江的湖口县、都昌县等地。

十六世纪初，我国的商业资本在全国广泛活跃，尤以徽商最为活跃，他们四通八达开辟商路，把家乡的文化习俗带到当地，为戏曲文化活动提供了广阔舞台。湖口乃江西北大门，水路之门户，进鄱阳湖之通道，以其独特的地理位置成为徽商货物交流的黄金口岸。商贾们为了招揽生意，常不辞辛劳地把家乡的戏班带来演出，最多的一次竟有好几个戏班同时搭台唱戏，真是"人山人海，好不热闹"。

相传，那时流传在湖口、都昌等地的青阳腔发展相当之快，农村学唱曲文风气特盛，手抄剧本几乎家家都有，职业班社如雨后春笋，围鼓坐唱村村皆是，青阳腔锣鼓闹遍了鄱阳湖之滨。每逢唱戏，湖畔的人们就像过大年一样，村村搭戏台，家家蒸米粑，迎亲唤友，热闹非凡。据说当时还流行一种叫"万人缘"的演出，白天连演七天《三国》，叫"红七册"，夜晚连演七天《目连救母》，叫"黑七册"。七天的演出，热热闹闹，沸沸腾腾，一时呈现"夜深三更半，村村有戏看，鸡叫天明亮，还有锣鼓响"的盛况。

湖口人自古对传统戏曲十分热爱，戏曲文化深深地根植于生活中，他们把戏曲文化与当地的民间习俗、宗教活动融为一体，形成具有本地特色的"仪式戏剧"。他们农闲时唱戏，丰收时唱戏，结婚生子、生日祝寿、做屋上梁时也唱戏，各种节庆、喜庆活动都要搭台唱戏，唱戏成了湖口人民日常生活中不可或缺的一件大事。在他们看来，唱戏能表达美好的心愿，抒发内心的情感，增强相互间的友谊，激发团结向上的精神。这种生活方式成了湖口人民热爱戏曲、崇尚戏曲的一种特有文化现象，代代沿袭，流传至今。

如今，被誉为"江西省戏曲之乡""中国民间艺术之乡"的湖口县，仍在保持自己独特风格的前提下发展青阳腔，使其演变成既保持了明代戏曲古朴奇特、声韵婉转、曲调高昂激越的原始风貌，又独具浓厚的赣北生活气息和乡土风味的九江青阳腔。九江青阳腔的唱腔继承了弋阳腔"一唱众和、锣鼓帮腔"等风格，并在弋阳腔"滚唱"的基础上发展出"滚调"。表演上一方面保存了弋阳腔一派"金鼓杀伐"的舞台风貌，另一方面又具备了传奇戏曲"无一事无妇人，无一事不哭"的艺术特色。排演的剧目有整本戏：《三国戏》《岳飞戏》《目连戏》等连台本戏；传奇戏：南戏五大传奇的"荆、刘、拜、杀、琵"和明传奇戏《瓦盆记》《红梅阁》《龙凤剑》等；杂出小戏：《张三借靴》《贵妃醉酒》《鲁班贺屋》等。1959年，湖口青阳腔老艺术家潘康泉、曹梅卿、曹耀春等先后调入省赣剧团，便有了江西省赣剧团排演的《西厢记》《紫钗记》《窦娥冤》等剧目。

（撰稿：俞卫娜）

青阳腔《百花赠剑》（童艳华 摄）

赣南采茶戏

　　江西赣州被誉为"客家摇篮"，这里是客家人南迁的聚居地。从这块土地上的茶事劳作中诞生了一门戏曲艺术——赣南采茶戏，从孕育到成型，其大致经历了采茶歌、采茶灯、采茶戏三个阶段。赣南采茶戏起初为流行于赣州市安远县九龙山茶区的采茶歌，之后受民间灯彩的影响，发展为载歌载舞的茶篮灯，再逐渐向"三角班""半班"靠拢。1956 年，这种戏曲类型正式定名为赣南采茶戏。田汉曾称"赣南采茶戏是百花园中的一朵奇葩"。

　　相传，采茶戏萌芽于唐朝，采茶戏班供奉的祖师爷田师父是唐明皇时的宫廷乐师——雷光华，因和歌女产生爱情，犯了宫禁，于是相携逃出宫廷，流落到安远九龙山种茶为生，农事之余，不忘所好，教农民唱茶歌、玩茶灯。明代，汤显祖在《即事寄孙世行吕玉绳二首》中留下了"长桥夜月歌携酒，僻坞春风唱采茶"的记载，由此可知，这时已有采茶歌的演唱。清代乾隆年间，陈文瑞《南安竹枝词》中留有"长日演来三脚戏，采茶歌到试茶天"的记录。清乾隆以后，因其内容大都是以男女爱情为题材，赣南采茶戏被认为有伤风化、难登大雅之堂，便遭到统治者的打压，曾多次下令禁演。新中国成立后，在党和国家的政策支持下，赣南采茶戏迎来了新的发展契机，推出了一批经典作品《睄妹子》《补皮鞋》《钓虫另》《老少配》《怎么谈不拢》《茶童戏主》等。根据《九龙山摘茶》改编的《茶童戏主》（又名《茶童歌》），1979 年被上海电影制片厂搬上银幕。近年来，《山歌情》《快乐标兵》《永远的歌谣》《八子参军》多部优秀剧目荣获中宣部"五个一"工程奖。

　　赣南采茶戏的内容短小精悍、诙谐幽默，题材与百姓的日常生活息息相关，其身段以"扇子花""单水袖""矮子步"为主，还有大量模拟动物形象的表演，如"公鸡啄米""乌龟爬沙""猴子抓痒"。赣南采茶戏采用赣南客家方言演唱，其唱腔属于曲牌体，按音乐来源及特点分为茶腔、灯腔、路腔和杂调，俗称"三腔一调"。茶腔善于表现人物较为复杂的思想感情，灯腔善于表现欢快的情绪，路腔多为行路所唱，杂调来自江湖艺人所唱的小调及其他曲调。其伴奏主要为两把勾筒，一支唢呐，一套锣鼓（四件）。为更好地配合唱腔，解决勾筒音色单调、音域狭窄、音质单薄的问题，近年来演奏人员新创了两件新的主奏乐器——采胡与茶胡，大大丰富了赣南采茶戏伴奏音乐的表现力。

赣南采茶戏是南方小戏中的典型代表，江西其他民间小戏均受其影响，吸收、借鉴其唱腔和剧目。随着客家民系的迁徙，赣南采茶戏扩散至南方诸省、台湾地区及东南亚等国家。江西著名戏曲理论家流沙在《从赣粤地区传到台湾的采茶戏》一文中曾对赣、粤、台采茶戏音乐进行了比较，发现台湾采茶戏音乐中有不少赣南采茶戏的曲调，并说道："从主要唱腔来看，台湾采茶的真正根源在江西的赣南采茶中。"赣南采茶戏是两岸同胞的重要精神纽带，其传承发展有利于加强两岸同胞的文化认同，促进两岸的文化交流合作。

（撰稿：应姿）

赣南采茶戏《一个人的长征》（汪湧 摄）

江西目连戏

以佛教"目连救母"故事为题材的目连戏，是弋阳腔诞生之初最早演出的戏，并与弋阳腔的传播同步进行，成为中国古代戏曲中以佛经故事为题材、影响最为广泛的一出戏。

什么是"目连戏"？这要从唐代的"变文"说起，唐代寺院为了方便向百姓宣传佛经中难懂的故事，"变文"便成了佛经通俗化的一种表现形式。《目连救母变文》故事源于西晋竺法护所译《佛说盂兰盆经》，将佛教与儒家主张的孝道结合起来，记述了佛陀大弟子目犍连尊者因不忍其母堕饿鬼道受倒悬之苦，乃问法于佛的故事。

到了北宋，在目连变文的基础上产生了《目连救母》杂剧，被搬上勾栏（舞台）。孟元老《东京梦华录》称："七月十五日中元节……构肆乐人，自过七夕，便搬目连经救母杂剧，直至十五日止，观者增倍。"这是关于目连戏演出的最早记载。元末时期，目连戏流入赣东北弋阳一带，在搬演目连戏的过程中，弋阳腔随之产生，目连戏也成为弋阳腔第一个成熟的剧目，并流传于江西省各地及南方诸省，以弋阳腔为主体的江西目连戏成为全国高腔目连戏之源头。

关于江西目连戏上演情况的记载有：乾隆七年（1742），江西巡抚陈宏谋《禁止赛会敛钱示》记："每届中元令节，……省城内外店铺逐户敛索钱文，聚众砌塔，并扎扮狰狞鬼怪纸像，夜则燃点塔灯，鼓吹喧天，昼则搬演《目连戏文》……观者如堵。"1925年《弋阳县志》载："中元家祭，焚纸钱纸衣，寺僧作盂兰佛事，赛神演剧，掷金钱如粪土。"1947年，贵溪李家村目连班到邻近数县108个李氏村庄攀宗联谊献演，连演数月，盛况空前。

自二十世纪八十年代起，江西的一些民间剧团和艺术研究院重新组织了部分折子戏的复排，全省现存至少7种目连抄本，每种多为7本，均以目连救母为主线。其中，《弋阳腔目连救母》7本188出，演出时穿插思凡、哑夫驮妻等杂扮小戏；上饶、九江等地目连戏在正传前演《梁传》；东河目连戏演傅相南征、傅林从军情节；浮梁磻溪本和婺源徽调高腔目连戏加演"西游取经"的故事；吉水黄桥目连戏加演二十四孝等。演出的班社有鄱阳夏家的家族班，贵溪、吉水及广丰的道士班，横峰、玉山及兴国等地的傀儡班等，主要传承人有邹莉莉、王耕梅等。江西各剧种、班社、传承人以自身的特点，诠释了目连戏千年来延续的孝道、弃恶扬善及济贫救困思想。

（撰稿：俞卫娜）

东河戏

拥有四百多年历史的东河戏，被称为"赣州大戏"，又称"东河班"，发源并流传于江西南部的赣县、兴国等地，因地属东河（即贡水）流域而得名。

东河戏起源于赣县田村、白鹭、南塘、睦埠一带，由明嘉靖年间（1522—1566）的清唱"坐堂班"发展而来。每逢喜庆、节日，当地人便邀请"坐堂班"围桌而坐，演唱一种古朴的"弋阳高腔"，用以酬神还愿、祈福消灾、喜庆典仪。因此，东河戏的高腔剧目多为正剧，演绎关于忠孝节义、世事人情的历史故事和传奇名篇。此后，东河戏受到昆曲、宜黄腔、祁剧、桂剧的影响，并与当地民间音乐相结合，发展成集高、昆、乱弹三大声腔为一体的地方剧种。

说到东河戏的成长，钟崇俨与其子钟谷二人是不可不提的。清嘉庆年间，任浙江嘉兴知府的赣县白鹭人钟崇俨自组昆腔班在家扮演，博其母欢悦。他退职后，将昆腔班带回故里白鹭，渐与当地唱高腔的班社合流，不久就形成以唱高腔、昆曲而著名的"雪聚班"（后改为"凝秀班"），这标志着东河戏的逐渐成熟。钟崇俨之子钟谷在外做官多年，对当时昆腔及各剧目的唱腔、表演素有深研，常招"凝秀班"至家亲自指导，故"凝秀班"不仅为乡民所喜，也为官绅所爱。在他的资助下，演出《白蛇传》《八仙过海》等彩头戏时，即用上机关、灯彩及新颖之砌末等，这不仅在东河名噪一时，且在赣州府内也名声大震，当时甚至有"不会唱昆曲者，不算白鹭人"之说。

（撰稿：俞卫娜）

东河戏《子仪上寿》（康诗俊 摄）

客家古文

　　赣州地处江西南部，"南抚百越，北望中州"，据五岭之要会，扼赣、粤、闽、湘之要冲，是客家人最早的主要聚居地之一，被称为"客家摇篮"。在这里，客家先民以丰富多彩的客家文化，孕育了集民间口头文学、说唱艺术和器乐演奏于一体的专门说唱古代传奇故事的客家古文。

　　关于客家古文的起源，史籍记载不多。据老艺人口传，客家古文早在明末清初便得以形成，至清道光年间盛行，于二十世纪七八十年代达到鼎盛，后日渐衰微。而在盲艺人中，则流传着三种传说：一说是唐朝李亚仙所编所唱；二说是清代中叶盲人为生计所迫，将听来的故事编成简单通俗的顺口溜加以传唱，后又加上简易的勾筒伴奏而逐渐传开；三说是有个朝代，皇帝的叔叔是位盲人，他苦闷不宁，便请人将故事编成唱文唱给他听，后皇叔自己学会了唱文，并慢慢传唱开去，一代代传了下来。这些传说虽无从考证，但其间似乎透露着一点端倪，即：古文是起源于盲人说唱的一种曲艺表演艺术，是客家群体的民间艺术，它源于民间，扎根于民间，深受百姓的青睐。

古文艺人作为客家人的文化使者，农闲时或春节前后，身背勾筒，走遍山村街巷演唱，以获得报酬，所到之处便与当地的文化相结合，先后嬗变成信丰古文调、南康古文调、于都古文调等。说唱时，以讲故事为主线，一人分饰多角，同一个故事有着不同的版本，开头往往有固定的台词：

　　"自从盘古开天地，一朝天子一朝臣，这篇古文要唱（有名有姓）……"（信丰古文）

　　"自从盘古开天地，一朝天子一朝臣，前朝古文唱完一本，……"（于都古文）

　　后来逐渐以"十八塔"为序幕，即：演唱者根据听众对象，结合时宜，针对性地来一段小唱，然后引出曲目、人物，揭示主题，转入正本，体现了"说尽人情方是书"的叙事风格。

　　几百年来，客家古文艺人们走遍赣南山水，用通俗朴实的客家语言讲述着生动故事，诉说着历史沧桑，构建了一个珍贵而丰富的口头文学宝库。

（撰稿：俞卫娜）

客家古文（肖继岳 摄）

萍乡春锣

萍乡春锣是流传在江西省萍乡市及其周边地区的一种民间说唱艺术,其分布以萍乡城区为中心,在全市各县区、乡镇村落广为流传,并辐射到江西本省的宜春、万载和湖南省的浏阳、醴陵等地。

据萍乡春锣传统唱本中的叙述和民间传说记载,萍乡春锣的起源有三种说法:一是"报春"说,二是"迎春接福"说,三是"周吴"二姓说,目前多数人认同的是"报春"说。但不管其渊源如何,至少从现在可考的明末清初民间春锣第一人周朝国开始,萍乡春锣已有300多年的流传历史。

1949年前,春锣艺人主要利用演唱传统春锣段子到各家各户报春来换钱取米、维持生计,所以也被认为是一种变相的乞讨,根本就登不了大雅之堂,历来官府不予重视,也就没有什么史料记载。但因其形式简单、易学易唱,所以在赣西的山山水水间广为流传,显示出强大的生命力。特别是新中国成立以来,通过广大民间艺人和专业文艺工作者的继承和创新,形成了现代春锣,使萍乡春锣成为一门深受群众喜爱的说唱艺术。

萍乡春锣早期由一人在腰部用红绸系一面直径约15厘米的小鼓和一面比小鼓更大的锣作为表演乐器,采用站唱或走唱的形式进行演出,后发展为男女对口或群口到舞台和礼堂等地表演的形式。为丰富舞台效果,改良后的萍乡春锣加入了歌舞,伴奏乐器也增加了二胡、琵琶、三弦、唢呐等。

春锣春鼓响咚咚,特到府上来赞春,赞春之人讲春事,不讲春事不为春。

对于萍乡春锣而言,"见赞"是其最大的特征。所谓"见赞"即见到什么赞什么。一是见人赞人:报春艺人来到某家,看见老大爷就唱《赞公公》,看见老大娘就唱《赞婆婆》,见着小朋友就唱《赞宝宝》,见着年轻小伙、姑娘则唱《赞少老板》《赞少姑娘》等。二是见事赞事:如遇主人沏茶就唱《赞茶》,看见新房就唱《赞新屋》,逢人家办红喜事就唱《赞新婚》等。见赞的特点是随机应变、脱口而出，充分表现了民间艺人敏捷的思维和超群的口才，被赞者心情舒畅、喜笑颜开，往往产生很好的现场效果。

萍乡春锣（胡国欣 摄）

如今，萍乡春锣最为著名的传承人当属"春锣大王"雍开全，其于1960年开始学唱萍乡春锣，1989年出版磁带《萍乡春锣》，并把萍乡采茶戏中的［反情调］［大送调］［神调］等曲牌的音乐元素和湖南花鼓戏等戏曲唱腔中的润腔技巧加入春锣中，培养了彭利萍、黄绍辉、易国华等一批优秀的春锣人才，代表曲目有《赞春》《报春》《夕阳红似二月花》等。

（撰稿：俞卫娜）

永新小鼓

永新小鼓，原名"唱号音"，是江西永新当地一种土生土长的民间曲艺。据考证，"唱号音"约产生于清朝乾隆年间，其祖师爷为出生于1722年的欧阳承相。他略通文墨，不幸因病导致双目失明，被送入专门供养无依无靠残疾人的场所"圣恩堂"。他在渔鼓说唱的影响下，发挥自己的才华，把诗文、戏文、故事等编成小段子，把渔鼓改制成更便于携带的牛皮小鼓，自敲自唱，走街串户，自谋生计。由于他的演唱很受欢迎，名气大增，不少盲人纷纷前来拜师学艺，于是，这门说唱艺术得以代代相传。

到民国时期，由于地方戏曲的兴盛、大型节目演出的盛行，永新"唱号音"的小段子不再能满足群众的需求。于是，艺人们开始创编连本曲目，不但有唱，中间还夹杂道白，道白时拉腔拉调，与戏曲道白融为一体，成就了永新"唱号音"独有的民间风味。新中国成立后，由于全国的演出都是用大鼓，唯独永新是小鼓，"唱号音"便结束了其200多年的惯用名，于1953年正式改名为"永新小鼓"。同时，从永新采茶剧团中委派学员向盲艺人学唱小鼓，从此打破了盲人演唱的传统，说唱场所也由原来的田头地角、村巷街口发展到有乐器伴奏、灯光布景的小舞台场所。

永新小鼓（肖芳东 摄）

永新小鼓经历了从挂小鼓敲击伴奏，辅以竹板击节，采用永新方音，说唱相间，站立演出的形式，到二人或多人配合说唱，加入小乐队伴奏的高台演出情形，成为了解和感受永新社会历史与乡土文化的重要载体。如今，永新县已确定了永新小鼓具体的传承人员，将所收集到的资料、照片、录像、道具等进行归类、整理，建立艺术档案，并将永新小鼓的传承与传播纳入进校园、进社区、进乡村的展演之中，扩大了其在当地的影响力。

（撰稿：俞卫娜）

江西莲花落

莲花落是大江南北都曾流行的曲艺曲种，最初为"乞儿歌"，它源于唐、五代时的佛曲"莲花乐""散花乐"。随着佛教民间化的发展，佛曲"散花乐"逐渐由"讲经说法"演变为"因依讲话"，募捐化缘功能也逐渐世俗化。南宋普济编著的《五灯会元》写道："俞道婆，金陵人也。……一日，闻丐者唱莲花乐云：'不因柳毅传书信，何缘得到洞庭湖？'忽大悟。"这可能是"莲花落"书面文字最早的记载。民国二十六年《滦县志》卷四载："莲花落原名莲花乐，谓之蹦蹦戏。昔时丐者沿街乞讨之歌曲也。"可见，在近千年时间里，莲花落最初为丐者卖艺演唱一说是有史可考的。

江西的莲花落，又名"打莲花"，流行于江西吉安、萍乡、宜春、上饶、赣县等地，只因各地语言习俗不同而稍有差异。相传明弘治年间，江西有些地方兴办圣恩堂（清代称养济院），收养孤寡残疾者，其中的盲人多学唱道情、莲花落，借以谋生，因而一直流传下来。据《中国曲艺志江西卷》记载，"萍乡最迟在清嘉庆末年（1820），已有艺人演出莲花落。已知有明确传人及谱系的萍乡莲花落，是由萍乡市上栗县赤山镇皮影戏老艺人肖云圣的师傅何立全的祖父传入的。何立全的祖父，每于正戏完毕后，加演杂戏时，便在剧中插入莲花落"。后来，这种穿插于剧中演唱的莲花落，以独立的说唱形式流传于民间。

至今已有三百多年历史的江西莲花落，已然成为我国民间文化和地方风俗的历史见证、南方古老说唱艺术的宝贵遗产。在民间，还一度把其比作当地的"京韵大鼓"。

（撰稿：俞卫娜）

莲花落《赞出产》（胡国欣 摄）

台湾

歌仔戏

歌仔戏，就是闽南语版的京剧，盛行于台湾，以舞台剧形式演出忠孝节义故事，涉及人物角色、服装、道具和戏曲，后来更被搬上荧幕，有电视版歌仔戏，创造出天王级别的戏伶。

一般公认歌仔戏兴起于 20 世纪初，发轫于漳州人居多的宜兰，从当地人声吟唱的"落地扫"发展为戏剧演出，过程中融合了昆曲、北管戏、高甲戏和京剧，形成汉文演唱的闽南语本土剧种。日据时期的汉文，指的是以闽南语发音的文言文。

歌仔戏是台湾农村社会的重要娱乐之一，因为都在庙会时搭台演出，也称为野台戏。随着科技演进，后来使用麦克风、扩音喇叭，但其内涵不变，戏剧内容都是取自神怪故事或历代演义。

两岸熟知的一曲闽南语"我身骑白马啊，过三关，我身换素衣啊，回中原"，就是歌仔戏《薛平贵与王宝钏》的 7 字古调歌词，而这个故事又脱胎于《薛平贵征西》。可见歌仔戏的取材，皆出自中国历史故事。

歌仔戏的发展过程，吸收了许多戏曲剧种的精华，其布景、连本戏形式源于日据时期来台演出的"福州班"，演员的身段武打则有"京剧"的影子。

1928 年，有台湾歌仔戏班随进香团返大陆谒祖并演出，歌仔戏因此回传福建厦漳一带，两岸互相学习融合，因此现在漳州的"芗剧"被认为是歌仔戏的延伸。

台湾很早就将歌仔戏搬进广播节目，甚至在 1956 年就有歌仔戏电影，1962 年成立第一家电视台"台湾电视公司"，很快就把歌仔戏拍成电视剧，但最早上电视的歌仔戏没有红，直到"杨丽花歌仔戏团"才真正大红大紫。

杨丽花女士理解电视节目制作的本质，加强了布景与道具，例如"我身骑白马"不是只挥一根马鞭作态，而是真的找来一匹马，甚至战争场面还要出外景。于是"杨丽花歌仔戏团"红遍东南亚，也让后来的两家无线电视公司（"中视""华视"）都不得不成立歌仔戏团。当年全台湾只有3个电视频道，3家电视公司都有自己的歌仔戏团。

台湾的歌仔戏早期有外台与内台之分，外台是野台戏，内台就是进剧场戏院演出。电视歌仔戏属于内台，外台常年保持数百戏班的规模。

歌仔戏的音乐构造称为板腔体，但音乐形式很多元，唱调有七字调、都马调、杂念调，在日据时期又吸收日本歌曲形成特殊的"胡撇仔"。时至今日，胡撇仔不再被视为怪异，反而融入为其中的主要曲风，成为新兴表演方法之一。

台湾的音乐戏曲专业学校中有专业的歌仔戏老师，宜兰县1992年成立全台唯一公立的歌仔戏班——兰阳戏剧团，台湾第一个公立的传统艺术中心也设在宜兰。

（撰稿：洪肇君）

布袋戏

布袋戏又称掌中戏，是以高30厘米左右的戏偶，由人将手掌伸入其中，靠手指控制人偶动作来演出故事的剧种。源自福建泉州，在台湾非常流行，随着时代演变，创造出连本大戏，发行录像带、光盘，衍生出公仔等附属产品。

布袋戏的起源非常有趣，相传明朝时，福建仙游的梁姓秀才屡试不第，某日梦见一老人在其手心写下"功名在掌中"，以为此番应试必然及第，却又名落孙山。改行学习悬丝傀儡戏，把戏偶改成木制头像加布制身躯四肢，用手来演戏，因为文学底子深厚，出口成章，竟创出一番事业，方知"功名在掌中"。

在台湾，布袋戏至少在18世纪中期也就是明朝末年就有。早期都是演戏的归演戏，说戏的归说戏，演出时要有一名老师在幕后讲解，或者配以口白。之后，操偶师傅也被要求能够随着人物念口白，于是师傅的口技便变得非常重要，两只手端着两个人偶出演，口技就有两种声音。厉害的师傅在一场演出当中可能要套换不同人偶共5、6个角色，就要有5、6种声音。台湾著名的布袋戏大师黄俊雄至少能够幻化出20多种角色的声音，为布袋戏界一绝，堪称"一口道尽千秋事，十指弄成百万兵"。

过去布袋戏的搭配戏曲，依特色可以分为北管、南管、潮州调、歌仔调，但在"金光布袋戏"之后，赋予角色设定的搭配歌曲充满闽南语风情，甚至有日本演歌的精髓在内，一般人就不太听得出调性差别了。

所谓"金光布袋戏"指的是黄俊雄的五洲布袋戏团将布袋戏搬上电视，为了迎合电视拍摄手法，重新改编剧本，运用电视效果，武打场面可以打得金光闪闪瑞气千条。1970年，黄俊雄根据清朝小说《野叟曝言》改编的《云州大儒侠》在台湾电视公司播出，红遍全台，每天中午播出时，万人空巷，

台湾云林虎尾布袋戏道具（吴承谕 摄）

导致有民意代表质询"影响农工商生产"。这部布袋戏也创下世界纪录，三年半共播出 583 集，最高收视率达 97%，戏中史艳文、藏镜人、苦海女神龙、怪老子、哈买两齿仔、秦假仙等人物深入人心，甚至演化成为台湾人日常谚语使用。

在"金光布袋戏"之外，也有如台北李天禄"亦宛然掌中剧团"固守传统手法。事实上，李天禄早在"台视"创办第一年，就将《三国志》搬上电视，只是当时没有体会电视拍摄的特性。后来有法国学生拜师，返法后成立布袋戏班，让李天禄因缘际会走向世界，获法国颁赠最高荣誉的"骑士荣誉勋章"。他与云林的黄海岱（黄俊雄之父）家族，在台湾布袋戏界可说是花开两朵、各自芬芳。

黄海岱家族到第三代又创建出"霹雳布袋戏"，自建摄影棚，更新剧本与拍摄手法，武打场面不逊香港的功夫电影，同时衍生出大型戏偶、cosplay 等新形态艺术，为布袋戏创造新生命，续写掌中传奇。

（撰稿：洪肇君）

客家戏曲

台湾的客家戏又称"客家采茶戏"，从一到两人的对唱小戏逐渐发展为大戏，客家乡亲自己划分，有"三脚采茶戏""客家大戏"之别，前者情节简单、对白俚俗，后者则吸收了乱弹等其他戏曲精华，等于客语版的歌仔戏。

三脚采茶戏可以比为东北二人转，农闲时期，3 名演员到农村表演，角色随时变换，演出时忽为茶郎、忽为采茶大姐，很考验演员即席演出的能力，甚至文武场伴奏也要能跟得上，要有乐器功底。这类采茶戏可以随现场时、地、物略更台词，但大抵不出几出有名的剧本《桃花过渡》《张三郎卖茶》《送郎十里亭》《十送金钗》等。如果时间不够，则从中挑选几幕随机演出。客家采茶戏的特色就是每一段只有一个曲调，不会太繁琐。

客家采茶戏的源起不可考，主流说法有两种，第一是广东梅县、大埔的客家人于明末清初带来台湾，以客家山歌为基础形成歌谣戏；另一种说法是台湾客家人聚集的新竹山区很早就以种茶为业，乡亲们在采茶闲暇时创作出来采茶戏。

有意思的是，日据时期中期，三脚采茶戏进入剧场，成为售票演出的"内台戏"，对演出者的要求更高，发展出"相褒戏"，内容大致是一男一女对唱，有情歌也有斗嘴，对口的内容多半是四句联语，而且快问快答，节奏加快又趣味十足。

客家大戏等同于客语版歌仔戏，剧目、唱腔、后场音乐甚至服装化妆融合了乱弹、京剧等特色，只是唱腔会以采茶调为主。客家大戏在日据中末期一度也走进剧场，现在客家乡亲聚居的桃园、新竹和苗栗仍有客家戏班，但已经没有固定的剧场场地。

总的来说，客家大戏在曲目内容上逐步嬗变，老山歌、山歌子渐渐难以满足观众，求新求变发展出平板的曲调，走出自己的客家曲风；舞台动作和服饰妆容又结合华丽的京剧特色，发展出特有的文化艺术。

目前台湾的客家戏团以庙口节庆酬神演出为主，例如神农大帝寿辰、三山国王庙做醮，还有就是中元节、清明节，客家乡亲便扶老携幼前往庙口观赏。

2001年台湾戏曲专科学校成立"客家戏科"，2003年又有专业的客家电视台设立，努力保存客家戏曲。各地客家戏团也致力于创新，改编剧本迎合年轻人口味，延续老戏种生命力，例如《八仙过海童趣版》，以九腔十八调进入小学校园演出。

（撰稿：洪肇君）

车鼓阵

车鼓阵又名车鼓弄、弄车鼓，盛行于厦门同安地区。台湾车鼓阵起源有三种说法，其一就是从厦门传过来，另一种是黄河流域的秧歌，中原人士南迁又带到台湾，最后一种则是台湾南部自行发展出来。

车鼓阵最早的表演形式十分简单，一旦一丑双人边扭边唱互相逗趣。丑角手持类似竹板的"四块"，又称"四宝"或"四片"，互相敲击发出声音，打出节奏感；旦角则持彩扇或丝巾，夸张地摇动身躯。

车鼓阵表演时，肢体动作很丰富，的确有点像扭秧歌，但表演者的演出剧情通常不会太复杂，以调情、戏谑、滑稽为主。可以想象，在农闲时期，这样的演出必然很受小村庄欢迎。

二人组的车鼓阵比较像是音乐性的杂技，有固定的几套剧本，例如《踏四门》《踏大小门》《谢神》，取材多半来自民间故事，有讲男女私情的，有乔痴装呆扮滑稽，也有规过劝善的劝世歌。

若是增加几名演出者，就等于是车鼓小戏，可以演出《陈三五娘》《山伯英台》《桃花过渡》等剧情。但实际演出时，演出者经常会切合当下情境现编剧本，马上说唱出来，这非常考验演员的临场应变能力。

台湾云林土库镇有个"旭阳民俗车鼓剧团"，演出者可多至11人，配有六角弦、唢呐、铃鼓等，非常花哨热闹。而剧团的特色就是会现编四句联，用闽南语押韵的词句勾勒当天表演现场的情况，或者现编一段歌词，令闻者大乐。

车鼓阵所使用的乐器有小唢呐、小椰胡（壳仔弦）、大广弦、月琴、三弦等，很少使用打击乐器。音乐曲调跟其他剧种比起来也相对单调，统称为"车鼓调"，毕竟这种演出念唱口白的占比较多，纯唱曲的部分较少。

车鼓阵也会跟随庙会出阵，但跟其他阵头比起来，不免显得人单力薄，故车鼓阵获邀出庙会时，通常会加人，配以杂技演出，甚至会出动超过10人，女角们着彩衣，持彩扇或丝巾，阵前有绣旗以壮行色。

有趣的是，根据老一辈演出者回忆，早年车鼓阵都是男扮女装，后来才有女角出现。而车鼓阵的"车"字有两种解释，一说"车"字发音在闽南语当中，有弄或耍的意思，另一说是四宝竹板敲击的声音，也像是闽南语发音的"车、车、车"。

厦门同安地区的车鼓阵有文车鼓与武车鼓之分，武车鼓出阵会有能翻筋斗的武者在前方跳跃、翻滚，为车鼓公婆担任前引。台湾的车鼓阵则没有这个内容，一般认为比较接近文车鼓，也有人认为，跟漳州的"大车鼓"较有共同处。

（撰稿：洪肇君）

高雄内门宋江阵

宋江阵是结合中国传统武术与艺术的民俗阵头，源自大陆，出阵要有36或72人，持藤牌、关刀、双剑等武器，在广场跳跑排出各种阵法，阳刚气十足。

宋江阵流传于浊水溪以南的农村，以台南市、高雄市最多，早期属于农村男儿学习武艺的活动，其武术动作则传是明末清初南少林寺（位于福建）五祖拳祖师蔡玉明所创。

日据时期因日本人对台湾采取高压统治，武馆的宋江阵转化成为宗教活动，酬神时展演武术，因此宋江阵通常依附于寺庙，成为神明艺阵，最具盛名者为高雄市内门区宋江阵。宋江阵全由男性组成，着统一服装，拿着各式武器或跑或跳，相传是仿自《水浒传》中的武阵。因为武器的多样性，表演者的动作也都不相同，并且会互相打斗对练增加可看性。

宋江阵基本以36人为一基础单位，只是时代演变且各村庄人口基数不同，有的地方发展出10人宋江阵、20人宋江阵，但操演的基本动作则都一样。基本阵形有"拜旗""开斧""发彩""倒离圈""白鹤阵""空手连环""八卦阵""插角跳内外篱"等等，配以阵旁的锣鼓声，武者要跟着举斧劈刀，口中跟着发出"喝喝"声，十分威武。

虽然宋江阵是源自宋朝背景的《水浒传》，但其中藤牌兵占很大一部分，又有地堂刀法，因此有人认为，宋江阵也参考了明末抗击倭寇的戚继光部队

"鸳鸯阵"战法，非常讲究团体协同作战。

　　高雄市内门区有 30 多个宋江阵头团体，很多男生从小学就跟着父兄练习，学校还特聘教练当作乡土教育。每年佛祖庙会，当地会举行"高中职暨大专院校创意宋江阵头大赛"，上百阵头竞演，成为文化观光演出，像是国外的啦啦队比赛，年年吸引数万观众。由于掺杂了表演性质，过去宋江阵只有达到 108 人规模才需"开面"（即在脸上涂油彩化妆），现在几乎每个表演阵头都"开面"，穿上订制的古代战服，舞动武器虎虎生威，成为内门区一大特色文化。

　　宋江阵演出时有一些禁忌，百年来不可触犯。第一是演出时，外人不可任意穿阵，就像部队行军不容穿越；第二是不可触摸表演者的武器；第三是不可以站在庙门口与宋江阵之间，是为绝对禁忌。

（撰稿：洪肇君）

民族服饰

江西

赣南客家服饰

作为中原南迁而来的民系,赣南客家人的服饰以中原服饰"大襟衫""大裆裤"为基础。除此之外,还有冬头帕、童帽、围裙、鞋袜等为客家特有的常服。客家服饰形制、样式基本相同,从外表和打扮上,很难区分出身份和官阶等级、长辈和晚辈以及贫富之分。

赣南客家服饰的色彩以蓝、黑、灰、白、暗红为主,以素面为多。客家人的内衣多为白色,其外装均为蓝色、黑色、灰色,但头帕和围裙却是由红、绿、蓝、白、黑几种较鲜艳的颜色交织而成。

赣南客家童帽很有特色。相传,客家人有个习俗,把小孩装扮成猫、狗容易带大;把名字叫成狗是把人叫"贱",人越"贱"命就越长。因此,把童帽的形状做成动物的形状,除了造型美观威严外,还有其更深的意义。客家童帽的装饰以狮头风帽最具特色,帽顶前额绣"王"字图案,帽尾缀有各种彩色丝绣和花草图案,悬挂寿桃坠子或铜钱,帽沿以花栏杆镶边。

客家裙中最有代表的是围裙,纹饰丰富,有动植物纹样、字形纹样、祈福纹样等,各种纹样的搭配也相当漂亮,具有很强的装饰性。

客家鞋有布鞋和棉鞋。客家布鞋的装饰主要以动植物图案为主,花草图案如梅、兰、竹、菊、桃花、牡丹、莲花等,借花之德喻人之德;鸟兽图案如龙、凤凰、鸟、兔、鹿、蝙蝠等,主要是表现富贵、福、禄、寿及对生活美好的愿望。此外,线形装饰纹主要装饰在鞋面的边上,有主从和粗细之分,其纹样有波浪纹、螺旋纹,以及方胜、金线单纹等。

在传统的客家婚嫁中,娘家必须为出嫁的女子准备三只特制的袋子,即"子孙袋"又称"祖宗三袋"。一只装花生、红枣、莲子,寓意早生贵子,多

蓝巾帕制作（陈虹 摄）

子多福；一只装布条，有谐音播种之意，同时也寓意新娘贤惠，懂女红，善针线，把娘家的温暖与祝福带入新郎家；一只装荸荠、烫皮等小孩喜欢吃的东西，表示新娘对小孩的慈爱之心。同时，新娘的装饰物"绣片"也非常有特色，色彩华丽，图案美观，纹样以祥瑞的喜鹊、蝙蝠、石榴花为主，象征着喜结良缘、天长地久和子孙满堂。

　　赣南客家先民在长期的生产生活实践中发明了一种御寒保暖的头巾和做家务时防止衣物变脏的拦身帕，在客家语系里"身"与"巾"谐音，加之其以蓝色为主色调，久而久之人们便把它称为蓝巾帕。全南县的蓝巾帕式样最为美观，花纹最为精致，是赣南本土文化的重要代表。

　　初期的蓝巾帕只由披肩、丝带两部分组成，后因南方昼夜温差大、潮湿天气长，妇女便在制作丝带的工艺基础上发明了护额的制作手艺，形成了今天由披肩、护额、丝带三部分组成的蓝巾帕。披肩中间最宽部分称作帕心（又称象眼布、蓝巾），帕心部分会根据喜好织上祈福纹样、生活用具纹样、动植物纹样、文字纹样的图案，两边对称的更窄部分（以白色为主，点缀红色）称为帮帕，帮帕部分统一织成流水线状；护额俗称扎头子、大扎头，护额的增加使简单朴素的蓝巾帕式样更有层次、线条更为丰富精致并更有保暖性；丝带俗称为带子、小扎头。

（撰稿：陈星）

畲族服饰

畲族历史上是个多迁徙的民族，江西畲族有隋唐时期从闽赣粤交界地区迁入的，也有随后自各地辗转迁入的。畲族服饰是畲族文化的重要组成部分，畲民在迁徙、发展的过程中，服饰也受到其他民族居民的影响，产生了一些变化。

江西畲族的传统服装颜色多为青色或蓝色。清初《贵溪县樟坪畲族志》记载："女子既嫁必冠笄，其笄以青色布为之，大如掌，用麦秆数十，茎著其中，而彩线绣花鸟于顶，又结蚌珠缀四檐。"据记载，畲族男子服饰开襟处和袖口镶有白色边条，订"毛楂结"的工艺，无腰偏裆裤；女子袖口与右襟多装饰花边，内衣多为月白色、蓝色，下穿无腰偏裆裤。自清代以来，服饰开始由单一的青、蓝色麻布衫朝着多样化方向发展。《江西文史资料选辑》第七辑中的《江西畲族略史》记载了江西畲族男子日常服饰为大襟无领青布短衫，无腰直筒裤，袖口裤管宽大，不巾不帽。女子穿家织青蓝色麻布衣服，袖口右襟多花边，有些地区女子不分季节都穿短裤短裙，裹绑腿；头发从后梳成螺式，已婚妇女后脑发间装有长约二寸的螺垂形竹筒，少女扎红色绒线独辫。劳动时，男女腰间都围独幅青蓝色腰裙，打赤脚或穿草鞋。

畲族女子上衣着和尚领大襟衫，穿短裤，打绑腿，束围裙。衣服的领、肩、袖皆用红、白、黄、蓝、绿色丝线编绣呈顺序排列柳条形图案，领口绣有花卉鸟兽之类的图案。畲族男子的服装式样有两种，一种是平常穿的大襟无领青色麻布短衫，另一种是结婚或祭祖时穿的礼服。畲族男子传统服装形制为对襟单衫，衫襟用条状式蓝布或白布缝边，衫有连排七粒白布扣，袖口缝边加白布扣，各季穿棉布衫加黑色背褡，前后缝若干口袋。

畲族服饰风格自由奔放，图样浑然天成。畲族人民把山里的花草、林间的鸟雀、空中的云彩、雨后的彩虹缝在衣服上、裙子上，来源于生活的朴素艺术创作，使畲族服装的图案纹样生机勃勃。

受现代服饰文化影响，江西畲族传统服装在形制上产生了一些变化，其中最主要的特征在于多元民族服饰元素的嫁接。从现存的服饰形制来看，江西各个地区的畲族女装都有一个共同特点，即右衽大襟并在大襟及袖口处装饰各色花边，男装以立领对襟结构为主。

江西畲族的婚礼服饰工艺精美、色泽艳丽。新郎服饰为红顶黑缎官帽，青色长衫，襟和胸前有一方绣花龙纹，黑色布靴；新娘服饰为五色衣裙，绣花鞋，冠以头饰。随着时代的发展，江西畲族的婚礼服饰也不断改进与发展，其形制出现了新旧元素杂糅的现象，与文献记载中的形制区别越来越大。在形制结构上，上衣由右衽大襟转变为后开口式，衣袖连裁结构转变为装袖结构，云肩元素与衣服连接在了一起；裙子由原来的缠绕式结构转变为现代的桶状结构，拦腰则直接缝制在裙子上。在服装材质上，原来的自织手工苎麻布被现代的绸缎、纱制面料所代替。在服装工艺上，现代机绣工艺和机织提花带工艺逐渐取代传统手工刺绣。

竹洞畲族服饰（罗幸梅 摄）

祭祀服饰在畲族服饰文化中具有非常重要的作用，它是畲族当地服饰与祭祀文化的结合产物。资溪县新月畲族村收藏的祭祀服饰保存较为完好，具有代表性的金丝龙袍的形制特征为：圆领、宽衣博袖，在领口处系带。面料为绸缎类，服装前、后片和袖子上的龙纹图案刺绣为该款式的独特之处。工艺手法精致，图案生动形象。

以图腾为元素的刺绣工艺是江西畲族服饰特有的传统工艺特色，其中镶绲、刺绣以及彩带是畲族典型的服饰手工艺。撞色镶拼是男子服饰的工艺特色，镶拼多用于边缘部位，宽度较窄并且采用撞色的方式，这种镶拼装饰除了加固边缘还有重要的装饰作用。

（撰稿：陈星）

台湾

台湾少数民族服饰

台湾少数民族服饰各有特色，可从中看出生活地域的差异和生活形态的不同。

台湾少数民族在山林间奔波，最早的衣饰必然是树皮衣与兽皮衣。使用过树皮衣的有阿美、排湾、鲁凯、邹等。阿美以楮树的树皮为原料，是目前唯一还存在的树皮衣饰。制作时先环状剥取完整树皮，置于光滑而粗大的木干上，再以木棒敲打，使表皮脱落，取内层较细的纤维，捶打成薄片，再以麻线缝合，制成衣服。山上靠打猎维生，动物毛皮也是台湾少数民族衣服材料来源，尤以布农、邹、排湾、鲁凯最为普遍，阿里山邹以狩猎为生，鞣皮技术更是杰出。

台湾少数民族（陈子发 摄）

使用布料以后，衣饰文化便开始多彩多姿。例如泰雅人会织布，男女服装的差异不大，基本是额布、胸兜、上衣、披肩和片裙、绑腿，下摆、袖口和手臂处会滚花边，整体颜色以红黑为主，因为泰雅人认为，暗红色有吓鬼作用。

阿美人的分布地域很广，北部阿美人喜欢红、黑、白色搭配的衣服，南部阿美人则有黄、紫红、绿、橘等颜色。阿美女性喜欢短上衣，下身围裙，小腿有护脚布，斜背情人带。值得一提的是，台湾不产银，但恒春阿美人有银饰，主因是恒春早年有海外人士来此贸易，可以取得银器，女性以银饰品装扮为美，特别是胸前常挂银片项链。

排湾女性服饰受汉化影响较深，长袖衣如长袍状，开襟，颜色以黄黑为主。男女服饰都会有百步蛇、人像图腾，盛装时会有刺绣的上衣、绑腿。

位于炎热南部的布农，男性惯着开敞衣，有装烟草的胸袋，遮挡下体的挡布，挡布即使洗澡也不会脱下来；女性裙装有直筒裙和双片围裹裙两种，通常以黑色棉布缀红色花纹。

邹男子穿皮衣皮裤，头戴雄鸡羽饰，红色背心式外衣；女性服装特色为

台湾少数民族（陈子发 摄）

红色胸衣、刺绣头巾、蓝衣黑裙，头饰则是绒毛彩色球。

住在台东兰屿的达悟人，靠捕飞鱼、种地瓜维持生计，男性上身为无袖无领短背心，下半身只一条丁字裤，头戴藤盔或木盔；女性上身系一条大布巾，下半身为短裙。

太鲁阁人的服装和泰雅礼服类似，但喜欢用白色、红色，且多菱形纹，他们认为，菱格状代表"祖灵的眼睛"。

撒奇莱雅男性服装是双片长布的长袍，头目穿土金色，一般人穿凝血色配米黄色或蓝色；头饰很华丽，头目会挂玛瑙，一般女性挂珠串。

（撰稿：洪肇君）

十

岁时节令

民俗文化

江西

西山万寿宫庙会

西山万寿宫位于江西省南昌市新建区西山镇，西山万寿宫庙会起源于东晋时期祭祀净明道祖师许逊，是一种民间信仰祭祀活动。

许逊，又称许真君，东晋道士，是道教净明道派的创始人。其以"忠、孝、仁、慈、忍、慎、勤、俭"八字思想教谕世人，又因治水而有功于江西，故深受江西人崇拜和敬仰，被尊称为"忠孝神仙"。相传江西赣江流域有一蛟龙翻云覆雨、兴风作浪，危害黎民，许逊带领众弟子（如著名的净明道十二真人）历时二十余载，足迹遍布九江、都昌、进贤、丰城、余干、高安、武汉、长沙等十几个县市，历经千辛万苦，镇伏了蛟龙，治理了水患。晋宁康二年（374）农历八月初一，许逊功德成神，全家四十二口连同鸡犬拔宅飞升，是为"一人得道，鸡犬升天"。后世人在其飞升之处始建"许仙祠"（后改称"万寿宫"），并定其飞升之日为朝仙之日，以祭许逊之功德，相沿至今已有1600余年。江西人极其崇拜许真君，且对其崇拜早已不再停留在感谢许真君为民治水、治病阶段，而是把他进行由人到神的转化，当作地方保护神来供奉。

万寿宫是净明道活动的主要场所，也是民众供奉许真君的地方，凡是在江西人集聚的地方就会有万寿宫。人们通过修建万寿宫来寄托其祈福禳灾之希望，每年适逢许真君升天之日，乡民们就会不约而同从四面八方前往万寿宫朝拜。光绪《逍遥万寿宫志》记载："许逊升天之日，四乡百姓聚会于观，设黄箓大斋。邀请道流，三日三夜，升坛进表，上达玄元，作礼焚香，克意诚请，存亡获福，方休暇焉。"

西山万寿宫庙会保留了约定俗成的许真君祭祀活动，每年庙会从农历七

西山万寿宫（陶珊 摄）

月二十开始，至九月一日结束，持续四十天。其中，农历七月二十六为小高峰，七月三十的二十二时至次日凌晨一时为最高峰。一到庙会，西山万寿宫的主殿——高明殿里人头攒动，热闹非凡。参加庙会的人们主要来自江西省各县市，其中南昌县、新建区、樟树市、丰城市和高安市的人员居多，另外还有不少祖籍是江西省的外省人士参加，其中湖南、湖北、贵州、云南和四川的人员居多。各地信徒以族、村、乡为团体，纷纷前来进香，各团体人数多则数百人，少则几十人，分工较细，进香的香烛礼担在前，后为旌旗，旗上多用金丝线绣有"万寿进香"等字样，随后紧跟民间乐团，一般有鼓、锣、唢、铙等，乐团之后为进香群众，统一穿着具有地方特色的上装。自万寿宫山门前，进香团便有组织地三跪九叩徐徐而入，场景十分壮观。为了能在八月初一的清晨得到头炷香，朝拜者昼夜不停地赶往西山万寿宫，得到了头炷香的人，被认为是最幸运的人。

　　如今，西山万寿宫庙会已从最初的纯宗教性质的祭祀活动发展到和集市融为一体的社会活动，既成为乡民敬祀神灵、交流感情的活动场所，又形成了民间娱乐、贸易交流等市集活动，社会性极强。

（撰稿：周美庄）

李畋与花炮

"爆竹声中一岁除，春风送暖入屠苏。"中国史书古籍中，描写歌咏爆竹的诗词佳句比比皆是。花炮不仅是中国的传统产业，同时也是中国的传统文化因素。而李畋，则被奉为"中国花炮始祖"。

据传，李畋为唐朝人，布衣出身，粗眉大眼，身高八尺，力举千斤，以砍柴、打猎为生。唐贞观十九年（645），洪水泛滥成灾，瘟疫流行。为此，唐太宗日不思食，夜不安寝，常常梦见一个赤发裸体、青面獠牙的妖怪追捉于他。御医、名医多方久治不愈，满朝文武大臣无不忧心忡忡。一日，谏议大夫魏征谏言献计请皇上下诏全国各地，为圣上除妖消灾。李畋揭下皇榜，使用爆竹在皇帝寝殿四周驱赶山魈，加之扑面而来的阵阵硝磺香味，太宗顿时精神振奋，病情减退。皇帝见李畋为人纯朴忠厚，创制爆竹除妖辟邪有功，即敕封其为"爆竹祖师"。李畋回家之后，即在老家以爆竹为业，并把制作工艺传授给乡邻。

又传，李畋天资聪慧，随父练就一身武艺，曾被多处聘为武术教习。父母去世后，他搬至狮形山半岭上，与采药人仲叟为伴。一天，两人上山采药、狩猎，偶遇风雨，回家后，仲叟一病不起。乡人言称为山魈邪气作怪（实为瘴气），将危害一方。李畋十分焦急，突想到父亲曾说燃竹可壮气驱邪，即试之，颇具声色，但爆力不足，他便大胆地在竹节上钻一小孔，将硝药填入，用松油封口引爆，效果极佳。乡邻仿之，一时山中爆声四起，清香扑鼻，瘴气消散，仲叟病愈。为纪念李畋研制爆竹，其乡邻好友特集资在半岭上建李畋庙一座，且将每年农历四月十八日（李畋的生日）定为爆竹节。

李畋作为民间传说人物，其生卒年份、籍贯、生平、职业等有多种不同说法。湖南的浏阳、醴陵，江西的上栗、万载等地都有关于李畋的传说，并宣称是李畋的故里。同时，以上县市均有关于李畋的纪念设施，如浏阳建造"李祖先师庙"，塑造了李畋雕像，设有李畋村、李畋路、李畋广场、李畋学校、李畋社区；醴陵建造李畋殿，供奉李畋像；上栗设立了"爆竹祖师李畋之神位"，塑造了李畋雕像；万载建有"爆竹庙"，立有"爆竹祖师"雕像和牌位。爆竹祖师是一种象征，一种精神，值得整个行业尊重和敬仰。

爆竹也称"爆仗""炮仗""鞭炮"。最早期的爆竹是火烧竹子所发出的爆裂声，后来人们把火药装入竹筒，利用引线点燃使之爆炸，宋代，民间开始用纸筒装裹火药，并用麻茎编结成串，做成"编炮"。文献记载："古时爆竹，皆以真竹着火爆之，故唐人诗亦称爆竿。后人卷纸为之，称曰'爆竹'"，"后人卷纸作筒，实以硝磺，名为大爆竹，馈遗者，号曰春雷。往岁小除夕，响声不绝"。至此，爆竹已广泛用于送旧迎新、婚丧嫁娶等场合。因爆竹燃放时常有顶部喷火现象，受此启发而制造出的喷花即早期的烟花。至宋代，我国烟花爆竹产品品种繁多，并且具有烟、火、光、声等不同的效果。宋代的"架子烟火"或"盆景烟花"具有相当规模，词人辛弃疾曾有"东风夜放花千树，更吹落，星如雨"的词句，便是对它生动形象的描写。

爆竹和烟花结构中均包含黑火药和药引，点燃后即会发生爆炸，而爆炸过程中释放出来的能量绝大部分转化成光能呈现出来。制作烟花的过程中加入一些发光剂和发色剂，能够使烟花绽放出五彩缤纷的颜色。根据花炮产品的结构和燃放后的运动形式，可将其分为爆竹类、摩擦类、喷花类、旋转类、升空类、吐珠类、线香类、烟雾类、礼花弹类、架子烟花、组合烟花等类别。

宋王安石诗曰："爆竹声中一岁除，春风送暖入屠苏。千门万户曈曈日，总把新桃换旧符。"中国民间自古就有"开门爆竹"的习俗，即在新的一年到来之际，家家户户开门第一件事就是燃放爆竹，在噼噼啪啪的爆竹声中除旧迎新。爆竹声后，碎红满地，称"满堂红"。古人亦认为，火可除不祥，火花预兆喜事降临，花炮的燃放能惮吓鬼魅、驱散戾气，因而，花炮成了人民理想的喜庆用品。逢年过节时，无论达官显贵或平民百姓，都喜欢放爆竹、燃焰火，增添节日的喜庆气氛。

（撰稿：周美庄）

石城灯彩

江西省石城县是千里赣江的源头，由于其地理位置的特殊性，石城便成为接纳南迁中原汉人的第一站，继而也就成为客家民系的重要发祥地和中原文化与客家文化的联结点。

舞龙耍狮在中原有着悠久的历史。西晋末年，中原汉人迁徙石城，中原文化便随之渗入，舞龙耍狮这一与百姓生活息息相关的习俗也就在石城渐渐兴盛起来。石城古谚云："中原灯形客家神，舞灯敬神祭祖恩，身背宗牌闯天下，千年做客灯伴行。"由此可见，石城灯彩脱胎于中原的舞龙耍狮，与中原文化一脉相承。客居石城的中原汉人在初始扎制龙灯时，由于没有彩布和彩纸，便用稻草禾秆扎制灯具，这便是石城最早的龙灯雏形——秆龙灯，也被称作"应龙黄"。

古时候，石城灯彩非常盛行，可以说月月都有节，节节都有灯，比如正月元宵节、二月花朝节、三月清明节以及端午节、中秋节、重阳节等等，所以形成了各种各样的灯种，老百姓参与度极高。从祈祷风调雨顺的秆龙灯，到祭祀神灵、驱魔逐疫的狮灯、蛇灯、板桥灯、罗汉灯，再到反映生产生活的茶篮灯、船灯、鲤鱼灯、蚌壳灯以及赞美自然的云灯、荷花灯等等，多达30余种。清乾隆十年（1745）《石城县志》曾这样描述："元宵前后，城市挨户悬灯于门两半，星桥辉煌若画，兴酣者，张鼓乐，闹哄大厦。"可见当时石城灯彩盛行之景象。

大凡灯彩，其灯名多半与灯具有关，石城灯彩也不例外，像茶篮灯的茶篮、荷花灯的荷花、宝伞灯的纸伞、蚌壳灯的蚌壳、船灯中的船等等。不过有趣的是，石城灯彩的很多灯名都蕴含着一个个神奇的故事。

石城灯彩（敖玉龙 摄）

　　"秆龙灯"在石城被视为灯彩之王。相传天上有一条龙叫应龙黄，是专管雷雨的。古时候，社会生产力还很低下，人们无力应对自然灾害，于是就在旱灾之年，会用稻草等扎成龙的外形，在田间地头舞动，以祈求风调雨顺。后来这种龙灯就叫作秆龙灯，也叫应龙黄。

　　"茶篮灯"更有一段美丽的佳话。相传秦末人刘瑶英被玉帝封为灯仙，与通天寨一家猎户的儿子结为夫妻。刘瑶英偷偷地将生长于天池边的七棵茶树苗移栽在通天岩边马栏里，成为芳香可口的"通天岩茶叶"。后来由她丈夫带着"通天岩茶叶"进贡朝廷，皇上品茶之后，顿觉滋味鲜爽，沁人心脾，回味悠长，于是龙心大悦，特赐百叶宝伞一把，并命太监带银两千两送其返乡。丈夫到达家乡时恰逢正月十五，刘瑶英率领男女老少手执各种象形彩灯，与执百叶宝伞回家的丈夫载歌载舞。于是，男子手拿宝伞，女子肩挑茶篮，亦歌亦舞的茶篮灯便传了下来。

　　石城灯彩以律动、步法、节奏以及色彩的变化，给人以情绪的感染和美的享受。灯会队形聚散结合，变幻无穷，寓意深刻，如"走四角"意喻男子汉大丈夫志在四方，"卷谷笪"意喻喜庆丰收，"半月形"意喻花好月圆，"一字阵"则意喻万众一心、众志成城。表演时有乐器伴奏，且伴有丰富的舞蹈动作。龙灯、狮灯动作粗犷、豪放，茶篮灯、船灯动作轻盈、活泼。

灯彩音乐多为石城特有的民间打击乐，曲调采用石城地方歌曲和赣南采茶戏音乐旋律，节奏明快，悠扬悦耳。伴奏乐器有冬鼓、边鼓、钹、铜锣、板册、竹板、铜铃、唢呐、二胡、板胡、笛子、三弦、扬琴等。曲调有 [倒采茶][瓜子仁][十杯酒][螃蟹歌][南词][川调] 等六十多种，锣鼓曲牌有 [累累经][排子锣鼓][西皮锣鼓] 等，可作专曲专用、一曲多用、多曲一用。

石城灯会有广泛群众基础，对丰富群众精神文化生活，促进乡邻团结、合作、和睦起到了非常大的作用。据调查，全县有各种灯队 350 余支，业余演员 5000 余名。灯王"秆龙灯"在农村中六岁以上男童均会耍弄，流传于木兰乡的板桥灯则是所有男丁均会耍弄。

石城灯彩以灯具、戏曲、音乐、舞蹈为主要载体，以弘扬传统文化、祈祷幸福吉祥、歌颂好人好事、敬奉祖宗鬼神为主要内容，展示了石城客家人淳厚古朴的民风、艰苦奋斗的精神和对美好生活的向往，有着丰富的文化内涵和较高的艺术价值。

（撰稿：周美庄）

上坂关公灯

上坂关公灯，亦名关公龙，是江西省南昌市湾里区罗亭镇上坂村曹家自然村独具特色的民间风俗，它于每年元宵节举办，是为纪念关公而设，集音乐、舞蹈、工艺等于一体的花灯艺术活动。

关公灯起源不明，传说有二：一说曹村人以曹操后裔自居，为表达对关公华容道义放曹操的感激，扎制并游舞以关公命名的灯彩；一说某年当地大旱，眼见收成无望，曹氏祖先带领族人到关帝庙求雨得雨，遂扎灯还愿，名为"关公灯"。

关公灯由形如"丰"字头灯、尾灯和一条条插着三盏多棱角大灯笼的板凳组成，当地人称一条板凳为一桥，桥数越多龙身越长，一般可多达数百桥，游舞时场面蔚为壮观。头灯不是一盏普通的灯，而是一株非常美丽、壮观的灯树，灯树上挂着48盏精致的灯笼。尾灯与头灯外形相似，但规模只有头灯的一半，上挂24盏灯笼。

灯的制作要经过扎、糊、刻、绘等多道工序，每道工序都是精细手工活。扎制时，以竹骨彩纸制成龙头、龙尾，龙身则由几十至上百余节木板活楔相连，也有用插销、铁链、绳索连接。各节板上有洞，洞里插入灯笼。灯笼上绘有花鸟等图形，并刻有"一年清吉""四季平安""花灯普照""人财兴旺"等吉祥语，表达村民的良好祝愿。

每年春节，曹家村按人口出资，于正月初七起请能工巧匠做头灯、尾灯各一架，各户自做一条板灯，至正月十二全部完成。从正月十二晚上开始，由尾灯领十条左右香灯轮流到各户拜年，至正月十四晚上结束。正月十五元宵日，曹氏祖堂大门前挂有两盏大红灯笼，祖堂正中设有香案，香案两侧点燃两支二尺多长的粗大红烛，若干支小蜡烛分别插于四周，"关公灯"头灯靠放在祖堂右面，尾灯靠放在祖堂上面，灯身从祖堂右侧后门向村内伸延，等待起灯。晚饭后，在鼓乐声中，由一名身穿大红对襟短袍的健壮青年，在十余名护灯者的护卫下，肩扛头灯，起灯。入夜，"关公灯"沿着池塘小道蜿蜒前行，路上灯彩与水中倒影相映成趣，宛如两条巨龙上下争辉，嬉戏人间，水天相映。黎明前夕，"关公灯"回村进主堂，由执头灯者带领全体执灯者向当地的供神"二圣公""七圣公"问告（即卜卦）。问告后，曹氏家族于正月十六按照告中要求去执行。上述仪式完毕，当年玩灯告终。

曹村人表演此灯习俗虔诚无比，尤其是对撑龙头者要求严格，必须要先沐浴，身穿大红袍，且要人品端正，身家清白，得到村民公认，才有资格担此重任。出灯时，龙头、龙尾由村里长老或有威望的村民撑持，前后、左右则有几个身强体壮的青年护灯。

表演时，每节由一人扛着行走舞动，常以嬉水状翻滚、昂举、奔跑动作

上阪关公灯灯头（熊凯鹰 摄）

为主。因灯身较重，且采用插销作接头，作翻滚动作时摩擦力较大，甚至能听到互相挤压的吱吱声，故而表演时难度较大，舞动起来颇为费力，需要全体舞灯人合作有序、和谐一致。整个出灯过程均有鼓乐相伴，出灯时举着"谯国上坂"的招牌在前引路，以表明曹村人世代不忘中原谯国祖根。

关公灯表演以庄重、热烈、气势磅礴而闻名，场面热闹，乡俗浓郁，深受群众喜爱。

（撰稿：周美庄）

吉安中秋烧塔

烧塔，是南方诸如江西、广东、福建等地农村在过中秋节时开展的一项民俗活动，又称烧瓦子塔、烧宝塔、烧瓦塔、烧梵塔等等。

据传，元朝末年，黄河连年水灾，人民流离失所。一些志士奋起反抗，并事前密约：于八月十五这一天，在空旷地方用瓦片砌塔，燃烧猛火，作为行动信号。从此，烧塔便成为中秋习俗而流传下来。后来中秋烧塔慢慢衍变为民俗，人们通过烧塔表达收获的喜悦，祝福生活像烧塔的火焰一样红红火火。

也有人认为，这项习俗起源于南宋末年的文天祥抗元事迹。据传，南宋祥兴元年（1278）中秋节，早禾市（今江西泰和县禾市镇）老百姓在牛吼河上用自家门板、茅草架设了一浮桥，供文天祥率军过桥抗元。文天祥率全军及老百姓共万人在渡口边拜月神，祈求早日收复失地，国家兴旺发达。月圆时，村民们在渡口用砖块和瓦片砌成一个高约三米的大塔，并搬出所有的稻草，不停地放进去燃烧，烧得塔身通红，塔火和明月照亮了整个浮桥。到下半夜时分，抗元将士全部安全渡过牛吼河。此后每年中秋夜，老百姓都会烧塔以纪念民族英雄文天祥。

另有人认为中秋烧塔与佛教造佛塔（又称浮屠）渊源甚深，《妙法莲华经》载："若于旷野中，积土成佛庙，乃至童子戏，聚沙为佛塔……"清朝《南海百咏续编》载："南汉时，'上元''中秋'辄登塔燃灯以兆丰稔，号曰'赛月灯'。各巷里亦垒瓦为塔，集薪燔之……"由此可知，中秋烧塔习俗可追溯至南汉时期。宋代，造"浮屠"进一步世俗化，陆游"瓦叠浮屠盆作池，池边红蓼两三枝""过沟横略彴，聚甓起浮屠"等诗句即为证明。

在江西吉安，烧塔活动特别为当地青少年所喜爱。农历八月十三，少年们就忙碌起来，四处捡残破瓦片，积聚枯树枝、废木片、稻草等，于八月十四开始砌塔。塔的垒砌很有讲究，塔基要铺上砖块，然后按"品"字形建构。为使塔身通风，所有瓦片也均按"品"字形架放，瓦片一层层错缝叠压，慢慢收腰，形似宝塔。塔下留出两扇门，一扇用于投放燃料，一扇用于掏出木灰。塔的顶端留出空口，供吐火舌。砌瓦塔的地方，大多选择在空旷的平地上。八月十五晚上，随着月上中天，鞭炮响起，全村老老小小齐聚塔前，开始烧塔。主烧人不断往灶口塞薪柴，随着火势上窜，再浇上酸酒或米汤，宝塔烧得通红，犹如火龙腾飞一般。在热闹的气氛中，村民开始唱起山歌，撑着宫灯，舞起龙灯等。一些小娃儿还唱着"烧塔烧得红，养猪养到二百五；烧塔烧得白，养猪养到没尾巴……"午夜以后，人们兴尽身疲，要进行封塔，主烧人等稻草烧尽后再燃放一串爆竹以庆贺活动结束。

吉安中秋烧塔有着独特的文化内涵，它是稻谷节节饱满、家里红红火火、亲朋平平安安的象征，寄托了江西吉安人千年来的美好愿望。

（撰稿：周美庄）

渼陂彩擎

渼陂古村的彩擎也叫"游彩辇"，始创于南宋初，距今已有850余年的历史。它是江西省吉安市青原区的代表性民俗活动之一，历史悠久，传承不衰，活动仪程复杂，民俗内涵丰富。1949年新中国成立前，渼陂梁氏几乎每年上元宵（正月十五）、下元宵（正月三十）、农历二月初一、八月十五都会举行"彩擎"表演活动。

早期的渼陂彩擎是一种结构简单高约3米的木架，绑坐在辇架上的小孩人数为3人，由4个壮汉扛抬并控制辇的平衡与转向而巡游展示表演。后在梁氏族人梁道伸的建议下进行改装，升高到4米，制作工艺也相应更复杂。整个辇架用上好的木材制作，柱壁上刻写有"忠、孝"等字，高高的辇架上用靠垫类物体绑坐7或8个小孩，抬辇的也多达十几人。

活动由当任族长牵头，各堂分工负责，道具、服装、乐器等由各堂准备与保管。装彩擎前先从梁氏宗祠"永慕堂"里请出大神，由若干名五六岁左右的小男孩洗浴后盛装跪拜，然后才能完成装辇的工作。待装扮完成，3声铳响过后，10面彩旗、绣有"江南古村渼陂"的村旗和匾额等领先出发，2对牌灯、8把万民伞随后，各堂"台辇""乌车辇"纷纷起架，唢呐锣鼓齐鸣，依次簇拥出祠。在族长的指挥下，长长的"游彩辇"队伍穿街过巷，场面浩大。

辇架由专人控制转向和平衡，在水平面的道具上按顺时针旋转，旋转过程中伴有形式多样的表演。表演人数一般为14人，装扮成各类人物，有《西游记》《西厢记》《红楼梦》《三国演义》等戏曲中的人物，也有庐陵三状元——文天祥、吴伦、文武等历史人物以及农夫、渔民等，一辇一个故事，表演过程惟妙惟肖。

"游彩辇"的主角是轻巧灵动的孩童，抬辇的则是年轻力壮的青年，两者达到了一种力量与童趣并生的效果，也寓意渼陂人不畏险阻、勇于开拓进取的精神。

渼陂彩擎表演于每年农历正月十五（元宵日）至二月初二（春社日）举行，先行祭祖，继而环村出游。游艺时，鼓乐喧天，又有龙灯、狮灯、马灯、鱼灯、船灯、蚌壳灯簇拥相伴。参与者少至数十余，多达数百人，队伍之长，绵亘里余，所过之处炮铳相迎，观者填街，壮哉盛哉。一年一度的渼陂彩擎，给族人、村民带来无限喜庆与祥和。

（撰稿：周美庄）

赣南客家唱船

在位于赣州市南康区西南部的横寨乡寨坑村，村民们过着日出而作日落而息的生活，平静而安宁。但每到大年初一至十六，因为唱船，这块土地就要沸腾起来。

南康唱船发端于上古时期，是客家人春节期间的传统年俗活动，分起神、扎船、开光、唱船以及巡游、焚船等仪式，内容繁多，程序复杂，持续半月余。据清道光三年（1823）《南康县志》载："上元前数日各城市悬灯为乐，或剪纸或丝竹为之，元夕为盛，是日同里巷之人祀土神为社，轩绘纸为船日，禳灾、杀牲聚饮，尽其欢。"清同治十一年（1872）《南康县志》载："上元前数日悬灯为乐，或用竹丝织为龙，张以为戏。又劈竹为船，糊以五彩，内设仪仗甚整，男女望辄罗拜，尊之曰'大神'，至上元后一日晌午，一人提剑，数人鸣金随之，踉跄叱咤，如有所追逐者，沿门收船，鼓吹送野焚之，曰'禳灾'。"

整个唱船仪式从腊月二十七或二十八始至正月十六终，仪式由祭拜神船、神船巡游、舞龙游神、水口焚船等环节组成，全村所有的春节活动都围绕唱船展开。

神船是南康唱船的主要道具，也是南康唱船的灵魂。因此，制作好神船是整个活动仪式的关键。神船的大小尺寸、图案色彩完全是按祖上遗存下来的"大神画"里的图景制作，融竹艺剪纸、刻字裱糊、彩绘装饰为一体，过程复杂，制作精美。船身用细篾编制而成，里面用稻草填充，外面用红布包裹，再贴上纸制的金黄色鳞片与湖蓝水色相映，五彩斑斓，色泽艳丽。

正月初六至正月十五，族人们轮流将神船和绘有屈原投江的"大神画"迎接到宗族各支系分祠堂，以便宗族所有人拜祭。期间，请出祖传的唱船歌书，由该支系五六位男孩夜晚在神船旁歌唱。演唱顺序如下：初六夜《木根源》、初七夜《参拜》、初八夜《赛闹》、初九夜《庆贺》、初十夜《劝文》、十一夜《伦理道德》、十二夜《慕遗微》《端本行》、十三夜《前证》、十四夜《情景》、十五夜《浪淘沙》。据记载，唱船仪式歌本在清代已形成固定模式，演唱方式和音韵一脉相承。

唱船仪式歌用客家方言演唱，节奏短促、明快，由文化较高的男性领唱，其余男孩跟唱，每唱完一句，有锣鼓伴奏，鼓声引领演唱的起始和旋律。

流传于南康的船歌版本较多，属于大型长篇组歌，每篇由多首"七言古体歌"组成。用词精炼，虽为古体，却浅显易懂，形象生动，朗朗上口，语言具有鲜明的客家地域特色。这些传唱文本来源广泛，大多取材于当地的民间故事、俚语、歌谣和说唱，经过再创作凝炼而成。唱船的内涵丰富，涵盖天文地理、传奇故事、历史典故、伦理道德等。在演唱过程中，教化作用便潜移默化地展示了出来。

正月十五晚上的闹赛以及正月十六上午的祭"大神"和送"大神"最为热闹。闹赛大都在总祠进行，各厅、各房、邻村均有代表参加，参加者均为男丁。是夜烧起元宵火，大家围炉取暖，诵唱船歌。十六上午的祭神在河边举行，届时来自四面八方的乡邻都会手拿鞭炮以及祭品虔诚地来到"大神"前祭拜，祈祷来年万事如意。祭神完毕后，"大神"就在众人的簇拥下，由八名壮年抬着送到河中，点燃，众人虔诚目送。

赣南客家唱船是先民以驱鬼逐疫、迎吉纳福为愿望，以纪念屈原为主题，以法祀活动为手段，并通过送瘟神这一活动形式来表达人们对幸福安康生活的祈盼，具有浓厚的宗教、民俗色彩和古代祭祀的遗风。

（撰稿：周美庄）

赣南客家唱船"送神"活动（刘伟 摄）

台 湾

三月疯妈祖

台湾人多半是福建泉州、漳州移民，当初渡海危险性很高，有"十去六死三留一回头"之说，因此对海神妈祖的信仰特别虔诚。清朝收回台湾后，加封妈祖为"天后"，官方的倡导，更令妈祖信仰深入人心。

台湾最早的妈祖金身已不可考，加上日据与1945年以后的两岸分隔，大部分新建妈祖庙只能从有限的几家老庙分灵。于是每年妈祖生日（农历三月二十三日）前后，这些庙便携神像回老庙参拜，谓之进香。春节过后，台湾天气转暖，于是过完年到农历三月底，便是台湾人的进香旺季。因为台湾岛并不大，隔几个县市也才一两百公里，为示虔诚，信徒形成徒步进香之举。其中最著名的就是台中大甲镇澜宫年年往云林北港朝天宫进香，根据镇澜宫庙史，其妈祖神像清雍正十年（1732）从莆田湄洲岛祖庙分灵而来，彼时会渡海回湄洲谒祖进香，后因日据期间断绝往来，方于1913年改往北港。

嘉义新港进香（陈子发 摄）

随着台中地区日益繁华，人口增多经济成长，信徒的宗教热忱大增，1947年，往北港进香团只有近百人，发展到现在，每年会有近十万人的规模。大甲镇澜宫后来跟北港朝天宫有误会，便改往嘉义县新港乡奉天宫绕境进香，但老信徒们仍会转往北港再拜一次。徒步进香行程非常辛苦，一路往南跨越彰化县、云林县进入嘉义县，沿途宫庙、信徒会在路边置放免费的餐点、冷饮，庙宇的香客大楼或者中小学的教室还会免费开放借宿，成为全民盛事。

疯妈祖在台湾也写作"肖妈祖"，"疯"字闽南语读音像"肖"，有狂颠之意。来回9天8夜的行程，照理讲都要有固定的食宿安排，偏偏信徒们都跟随着妈祖神轿，偶尔会产生变化，例如应宿的宫庙尚未抵达，神轿突然转向，可能进入某一商店或者路边小庙。也有久病患者虔诚跪拜于路旁，神轿会突然靠近并摇晃，貌似降福于人。据说曾有小宫庙的庙门比神轿轿身还窄，但轿夫们状若疯癫，扛着妈祖神轿直冲，竟然一冲而进，令人称奇。

除了大甲镇澜宫，苗栗县通霄镇白沙屯拱天宫的信徒，也是年年徒步往北港朝天宫进香，路程更远，而且每年的起驾行程、回驾日期，都要于前一年年底由庙方执事人员向妈祖掷筊请示，所以行程充满变量，最短有7天6夜跑个来回，最长有12天11夜，信徒甘之如饴。

妈祖进香会有上百个阵头随行助威，行程中有个不成文的规矩，其他宫

高雄岐山天后宫（陈子发 摄）

庙信徒可以"抢轿"，只要抢得走，可以扛回去停放数小时，意为抢得妈祖的神灵福气，但扛轿者也会防备，随行阵头有义务帮忙阻挡，每每因此爆发冲突。这也是疯妈祖特有的抢轿文化，其他神明进香团都不会如此。

（撰稿：洪肇君）

台南保生大帝上白礁

闽南医神保生大帝吴本，是北宋年间泉漳乡野名医，成神后只在闽南地区流传。郑成功收复台湾时，运补船队停靠台南学甲，船上保生大帝神像就此落地，学甲慈济宫成为台湾祖庙，每年会隔海遥祭漳州白礁祖庙，称之为"上白礁"祭典。吴本出生地是漳州龙海市角美镇白礁村，不远处有个地方叫青礁，是吴本生前炼药地，两地皆建有慈济宫。

清朝时期，学甲慈济宫信徒是渡海前往漳州白礁慈济宫进香，日期都定在保生大帝生辰（农历三月十五日）之前数日。日据时期，台湾信徒无法再前往大陆，遂固定于农历三月十一日举行隔海谒祖祭典，于本地十三庄四十七角头（聚落），神轿绕遍全境之后，再前往将军溪畔引水，以示饮水思源不忘祖地。

嘉义保生大帝出巡阵头（巫月桦 提供）

学甲香（绕境祭典）被列为台湾西南五大香科之一，艺阵特别多，不仅每个角头都自组一个阵头，又因学甲慈济宫是台湾保生大帝开基祖庙（清光绪时还分灵到泉州晋江），全台上百家庙宇亦会来支持。

上白礁一定要出人力扛轿的"蜈蚣阵"，祭典那三天担任前导阵，由36名神童（孩童）扮成《五虎平西》等故事中的人物，坐在露天木椅上（要绑住腰），被大人们扛着绕境。每年选神童都是学甲盛事，要在神案前掷筊决定，被选上就像中奖一样，亲朋好友会赞助糖果零食，让神童在绕境时洒出来，供沿途信众抢拾，意思是洒福、抢福。

上白礁的最后高潮是到将军溪畔的白礁亭取水，神像要随着乩童浸入溪水中，确定迎回神灵之后，方得回转，回到慈济宫才算结束整个行程。但由于绕境时的变量太多，行程时常拖延，每每最后一天黄昏才能赶到溪畔，各种仪式做完，往往深夜才能结束。信徒们习以为常，几万人就这样持香挂令旗，跟着全程走三天，虔诚表达对保生大帝慈济大爱精神的感佩。

厦门、泉州、漳州的庙宇常跟学甲慈济宫来往，东南亚、欧美也有保生大帝庙，会到台南来进香，各庙宇之间的联结性很强。

（撰稿：洪肇君）

台东炸寒单爷　台南盐水蜂炮

台湾民间在农历正月十五元宵节有两大民俗节庆均与放鞭炮有关，一是台东"炮炸寒单爷"，另一个是台南盐水"放蜂炮"，均利用大量的鞭炮制造出炮火四射场面，以此来庆元宵，后来更扩大为观光祭典。

寒单爷也叫邯郸爷、玄坛元帅，是商朝武将赵公明，最早属冥神、瘟神系列，后转化为武财神，受民间供奉。台湾各地奉祀武财神的庙宇极多，却只有台东县保留炮炸寒单爷的习俗。清光绪年间，新竹明志书院山长陈朝龙有诗云"烧佛鸣钲事更奇，赤身禁冷耐支持，火神到处光如昼，一路嫌人放炮迟"，记载当时元宵节"烧佛"盛况。"烧佛"就是炮炸寒单爷，但这项民俗在新竹早已不存，却传到台东发扬光大。

据称，至少60年前，台湾西部有人将寒单爷神像带到东部供奉，在一场水灾当中，供神的木屋安然无恙，从此信仰者更多。传说寒单爷畏寒，天气寒冷就会心痛，因此元宵节庆祝时，便要置炉火、放鞭炮，替神明驱寒。演变到后来，由真人扮演寒单爷站在藤制神轿上面，于夜间出巡，接受四方炮火，成为众人热衷的民俗活动，信徒们相信，今年放鞭炮愈多，来年事业愈顺利。20世纪70年代开始，台东人以"玄武堂"寒单爷为尊，壮丁们轮流上场，被扛着走遍市区接受鞭炮轰炸。扮寒单爷者，身着红短裤，头系红巾，一手持榕树枝。商家、公司行号会在门前道路堆放大量鞭炮，等神轿到达一次燃放，待寒单爷通过挑战，便送上红包致意。奇特的是，历年很少听到寒单爷受伤，总是能创下奇迹通过炮阵。

盐水蜂炮是另一种场面，由盐水武庙（主祀武圣关公的庙叫武庙）主办，相传是清光绪年间沿海居民遇到瘟疫，村民祈求关公护佑，之后依占卜结果，在元宵节请神明出巡，居民沿途放鞭炮至天明，疫情果然消退。此后循为定例，元宵夜，周仓爷任开路先锋官，关圣帝君在后压阵，路边商家筑蜂城，插入成千上万的冲天炮，利用引线一次点燃，神轿经过时，炮火全部集中射向神轿，轿夫蒙面着长衣长裤，在炮火中扛着神轿跳跃前进。四射的冲天炮带着火光与硝烟，如蜂群攻击般直射一个方向，所以称为"蜂炮"。

台东玄武堂寒单爷（巫月桦 提供）

嘉义城隍庙炸寒单爷（巫月桦 提供）

观光客也可以进入炮阵体验，但必须穿戴完整的保护装备，以防发生意外。

盐水蜂炮从鞭炮阵转型为城门式蜂炮阵，灵感来自1985年时的武庙管理人林益仁，他于当时布庄云集的布街集资建立一座炮城，首度射炮时，火力密集且烟雾四起，非常壮观，一次就打响蜂炮的名号。蜂炮台的造型多变，用上不锈钢架，涂上各种颜色或图案，下端再贴纸"某某信徒（公司）敬献"。

（撰稿：洪肇君）

基隆放水灯　宜兰抢孤　虎尾中元祭

农历七月十五日中元节，是缅怀祖先的日子，台湾民俗非常重视这个日子，祈求神明赦免祖先亡魂的罪业，同时要普渡四方孤魂野鬼，因此衍生出放水灯、抢孤、大祭等风俗。

基隆旧名鸡笼，因当地一山形似竹编鸡笼而得名。清咸丰三年（1853），当地人械斗，事后收拢尸骨108具，集体安葬，并建"老大公庙"以祠之。咸丰五年起，当地十一大姓氏联合发起，中元节普渡以慰亡灵，十一姓宗亲会每年轮流主办，后来又增加到十五姓。普渡祭典非常盛大，分为主会、主醮、主坛、主普，合称"四大柱"，完全以道教科仪来办理。普渡从农历七月一日鬼门开那一天开始，老大公庙开龛门，连续12天开灯放彩，十三日迎斗灯绕境祈福，十四日中午过后，市区主要道路交通管制，准备到海边放水灯。放水灯的本意是点亮一盏灯光，吸引海上孤魂前来接受供奉、享受普渡美食。时至今日，绕境祈福会有电动艺阁车辆参与，放水灯仪式前，各姓氏宗亲会、机关团体也会绕境，甚至有中小学生参与，类似嘉年华会，又有民俗学习的意义。

宜兰头城镇的抢孤，是模拟孤魂野鬼抢食之不易。先搭建"孤棚"，以12根大约十丈高的杉木为柱，上方平台放置鸡鸭鱼肉虾蟹并金牌一面，中元深夜子时起，抢孤队伍同时攀爬而上，先翻上顶棚者为胜。抢孤队伍限定一组5人，为增加难度，木柱会涂满牛油，5人以叠罗汉方式，利用旧衣物捆紧木柱，双手双脚用力攀援而上，过程至少要花1个多小时。抢孤的风俗由来不可考，据信与当地乌石港有关，早年为通航大陆的港口，汉人来此开垦晚于台湾西部，历天灾瘟疫，感生存之不易，每逢中元，便以抢孤来表达对先民的追念。

云林虎尾镇的中元祭则源于"大仑脚普"，大仑脚是当地一个旧地名。明末到清初的开垦过程中，先民历经天灾瘟疫、族群械斗、海盗入侵或者土匪作乱，死伤惨重，才会如此重视中元节。整个虎尾镇区，中元普渡分为七大区块，家家户户都要摆出供品，跟随各自区域的主普庙宇行动，公司行号等商业团体则摆出冰雕或者花果雕，用最丰盛的祭品"庆赞中元"。由于全镇上万户人家都要参加庆典并摆出祭品，无一遗漏，全盛时期，虎尾镇的供桌能超过5000桌，全猪全羊龙虾鲍鱼都会摆出来，因此中元节的活动非常热闹。同时，镇中心街道封路，有供小吃摆摊的夜市区，也有游戏区，表演区则有信徒供奉的歌仔戏、布袋戏拼台演出。

（撰稿：洪肇君）

客家义民祭

在台湾，凡是早年有天灾地变、瘟疫、集体械斗或匪乱兵灾，罹难者最后全葬在一起，闽南人称为"万善公""老大公"，客家人则称为"义民庙"或"褒忠庙"。义民祭就是客家族群在农历七月的祭典，展现客家特色。

义民祭拜的是整群罹难者，祭拜时可口颂称呼为义民爷、义民公。久而久之，义民祭也可以称义民节。清道光年间，桃园、新竹、苗栗同属一个行政区，客家人聚庄，开始盛大举办义民祭，中心点就是现在新竹县新埔镇，客家乡亲依道教科仪，建坛、开普、立竹篙，祭拜方式与闽南人相差无几。周边百公里内的客家乡亲皆远道而来参加盛会，缅怀过去为保乡卫土牺牲的客家先烈。

有别于闽南人出阵头演武或者秀艺阁，客家乡亲展现朴实的一面，竞逐谁家养的猪公最大、山羊角最长，演变成举世闻名的"神猪大赛"。每年神猪体重最重者可以获得金牌奖励，打破过往纪录的还会上报纸。20世纪80年代，年年义民祭都会有超大神猪的报道，最高纪录超过780公斤。要养出超大神猪，必须精心照料3年，各人有各人的秘方，后来演化成养殖场专人饲养神猪，贩售给欲参加比赛扬名的公司行号。

不同于闽南鬼月祭典从月初就开始，义民祭固定在农历七月十八到二十日这三天，开坛祭祀、烧香普渡、猪羊大赛，各地客家乡亲赶来相会，但没有所谓的绕境游行，只是在单一地点祭祀。祭完之后，参加比赛的猪羊各自运回，分割送给亲朋好友，共食共飨。

时至今日，义民节成为台湾客家乡亲最重要的节日，甚至连海外华侨的客家人也会组团到新竹参加活动。对客家人而言，义民节是客家精神凝聚的象征，以此来教育子孙后代，慎终追远，以励来兹。

（撰稿：洪肇君）

登刀梯

台湾道教传承以正一道龙虎宗嗣汉张天师为正统，但其他派别亦多所流传，在两岸隔绝时期，法师道士授箓奏职无法回到大陆祖庭，便自行发展出一套晋升道长仪式，登刀梯是晋升的终极考验，而且要公开进行。

台湾每隔几年便会有道士公开登刀梯，总能引来大众围观、新闻报道，执教的各派掌门，也乐于借此向外界宣传法力高强。根据道教学者的研究，登刀梯应源自道教当中祈求消灾解厄的过刀桥仪式，经过台湾道教人士演化为登刀梯，目前在台南及高雄、屏东地区较多见。

登刀梯既然要公开举行，都选择空旷场地，以槟榔树干设置成长梯状，高约 16 米，四周以绳牵引牢固。每一层木梯有长约 30 厘米的钢刀，刀刃朝上被夹在梯中间，踩梯而上就是直接踩在刀刃上。台中的太玄法师协会要登 108 阶，则是建有固定的钢构高架，法事前再靠上木梯。每柄钢刀在被架上以前，会现场用磨刀石磨利，在众人面前挥舞，砍西瓜、凤梨，刀过即破，以证明不是弄虚作假。

由于各教派的仪式有差异，登刀梯没有统一的规定。一般而言，法师奏职分为文奏与武奏。文奏是年资达到后再经文科试，通过后可按阶升职；武考需通过术科试炼，例如登刀梯。刀梯武考，取近天而上达天听之意，于刀梯顶端之通天法坛中，呈禀疏文向玉帝禀告：弟子已经过上登刀梯之试炼，祈求降圣旨准许奏职成为道教法师或是晋升品阶。

也有乩童会登刀梯，通常是王爷、千岁的乩身（指神明选中要当乩童的人），在吃素闭关数日后，出关登 108 级刀梯，通过考验，方能获认证为神明专属乩童。

登刀梯时，道士或者乩童的赤足并不是跟刀刃成 90 度，而是会扭身横向踩踏，令脚掌方向与刀刃平行，以求取最大接触面，减少足部的压力。或许因为有这些技巧，台湾地区登刀梯倒是没听过有人受伤送医。

（撰稿：洪肇君）

台湾少数民族祭典

台湾少数民族的居住地域不同，生活形态有差异，衍生出不同的祭典文化，祭拜的对象通常是祖灵、苍天，同时利用祭典增加族人向心力，举办男性成年礼，完成世代交替。

台湾少数民族中人口数最多的阿美人是个农耕民族，其祭典是"丰年祭"，即庆丰收并求来年继续五谷丰登。固定在每年七八月间举行，分为迎灵、宴灵、送灵三个阶段。族中男丁每5岁为一个阶级，在不同的茅草棚聚集，每个阶级选出一名领导人，带领大家进行各种仪式。男性的歌舞与女性不同，要通宵达旦地唱歌跳舞，老人围坐在中间，以示敬老之意。像花莲县，大大小小的阿美部落近200个，彼此的丰年祭时间会重叠，两个月的时间里，天天有部落在跳舞欢唱。

苗栗南庄乡的赛夏人矮灵祭，两年一次，固定在秋收后的农历十月月圆前后。传说他们原本和矮人隔溪而居，获矮人传授农耕技术，但矮人每年要收一定数量的收获作为报酬，而且会戏弄赛夏人，最后赛夏人设计陷害矮人，仅存的两名矮人便对赛夏人下了诅咒。矮灵祭是对矮灵忏悔的祭典，其间有个项目是"训勉"，祭典结束虽也有聚饮慰劳，但并不欢乐。所唱的歌谣平常不可以随便唱出来，否则便是违反赛夏戒律。

阿里山的邹人是狩猎民族，祭典叫作玛雅斯比，即战祭，祈求战神保佑。过程中会现场杀山猪，修剪广场中的老榕树，猪血涂上树，以竹签将山猪肉插在枝干上，请战神循树下凡享用。战祭只有男性参加，男性聚会所叫作"库巴"，库巴前的广场就是祭典场地。战祭同时会举行族内男儿成年礼、男儿初登圣所礼和路祭，是非常庄严隆重的典礼。

布农人也尚武，每年四五月间，小米收成后就是打耳祭的日子，先由祭师依梦卜选定吉日，族人事前组成狩猎队，提前一星期上山，猎得山猪、山鹿供祭典用。打耳祭只限男性参加，将山猪、山鹿的下颚骨取下，象征猎物神，在祭典前由祭司挂在广场的雀榕树上；鹿耳割下，用一端被劈开的竹干或木干夹住，插在雀榕树旁。部落长老以双手揉搓12岁以下男童的双耳，祈求天神保佑健康，之后男童开始射鹿耳。从最小的男童开始，在1.5米开外，由族中最善射者或父亲、舅舅协助，以弓箭瞄准鹿耳，必须射中，否则为不祥。

射耳结束，长老将兽肉分给众人，现场架起篝火烤肉，肉必须当场吃完，不慎掉落则不能拾起。最后是颂功酒宴，女人此时可以加入，族人一起唱八部合音，跳丰收舞、报战功，并以鞭锣（类似打陀螺）来祈求明年小米丰收。

（撰稿：洪肇君）

后记

习近平总书记在党的二十大报告中指出，"继续致力于促进两岸经济文化交流合作，深化两岸各领域融合发展，完善增进台湾同胞福祉的制度和政策，推动两岸共同弘扬中华文化，促进两岸同胞心灵契合"。秉承这一遵循，为进一步加大赣台两地文化交流，江西省台办继续组织编写赣台文化交流丛书，以深入挖掘两岸历史文化渊源，生动展现两岸文化密不可分的历史连接，增进台湾同胞对江西文化乃至对中华文化的认同，促进两岸民众同根、同源、同文、同脉的亲情，营造"两岸一家亲"的良好氛围。

江西省台办从2020年开始组织编写赣台文化交流丛书。继2021年正式出版赣台文化交流丛书第一册《根与脉：千年文化》之后，2022年又组织两岸专家学者撰写了丛书第二册《技与艺：民俗文化》。《技与艺：民俗文化》一书，共分"文房四宝、手工制瓷、舌尖美食、中医中药、建筑装饰、百工之艺、音乐舞蹈、戏曲曲艺、民族服饰和岁时节令"十个部分，共130项内容，其中江西68项，台湾62项，基本涵盖了赣台两地民俗文化的特点和相互交流的情况。在编写的过程中得到江西省文化旅游厅、江西省非物质文化遗产研究保护中心等部门的大力支持，傅安平、周美庄、应姿、熊子薇、陈星、俞卫娜等专家学者负责撰写了江西部分的内容。台湾媒体资深人士吴承谕、洪肇君负责撰写了台湾部分的内容。相关人士提供了一百多幅高质量的图片，使得全书图文并茂，增强了可读性和趣味性。在此，谨向所有为本书提供帮助支持的单位和个人致以诚挚的谢意！

由于编者水平有限，经验不足，在选材和编辑方面仍存在欠缺和不足之处，敬请各位读者和专家学者批评指正！